Franz Meurer (Hg.)

Klimawechsel

Notwendige Haltungen und Werkzeuge für die Kirche,
die wir uns wünschen

Franz Meurer, geb. 1951 in Köln, ist seit 1992 Pfarrer der katholischen Kirchengemeinden in Köln-Höhenberg und -Vingst. Zu seiner Seelsorge gehört untrennbar auch die soziale Sorge mit vielen Projekten für die Menschen in den beiden als arm geltenden Stadtvierteln. 2002 wurde der Pfarrer als erster mit dem Titel „alternativer Ehrenbürger" von Köln ausgezeichnet. Er spricht regelmäßig im Hörfunk und hat mehrere Bücher verfasst. An seiner durch und durch katholischen Identität besteht kein Zweifel, auch nicht, wenn er seine Kirche um der Menschen willen kritisiert. 2018 berief ihn der Erzbischof im Rahmen des „Pastoralen Zukunftswegs im Erzbistum Köln" zum Leiter des Arbeitsfeldes „(Geistlicher) Klimawandel und Vertrauensaufbau".

Franz Meurer (Hg.)

KLIMAWECHSEL

Notwendige Haltungen
und Werkzeuge für die Kirche,
die wir uns wünschen

BONIFATIUS

Bibliografische Information der Deutschen Nationalbibliothek:
Die Deutsche Nationalbibliothek verzeichnet diese Publikation in der Deutschen
Nationalbibliografie; detaillierte bibliografische Daten sind im Internet über
http://dnb.d-nb.de abrufbar.

Klimaneutrale Produktion.
Gedruckt auf umweltfreundlichem, chlorfrei gebleichtem Papier.

© 2022 Bonifatius GmbH Druck | Buch | Verlag, Paderborn
Alle Rechte vorbehalten. Das Werk darf – auch teilweise – nur mit Genehmigung des Ver-
lags wiedergegeben werden, denn es ist urheberrechtlich geschützt.

Umschlaggestaltung: Weiss Werkstatt München, werkstattmuenchen.com
Umschlagmotiv: Max Zimmermann
Satz: Bonifatius GmbH, Paderborn
Druck und Bindung: CPI books GmbH, Leck
Printed in Germany
ISBN 978-3-89710-917-9

Weitere Informationen zum Verlag:
www.bonifatius-verlag.de

Viel geht wenn Vertrauen geht

Markus Roentgen

INHALTSVERZEICHNIS

EINLEITUNG

„Ein Gesellschaftsvertrag beginnt damit, dass die Menschen entscheiden, in welchem Klima sie leben wollen", schreibt der Philosoph Peter Sloterdijk. Goethe sagt es noch kürzer: „Das Was bedenke, mehr bedenke Wie."

„(Geistlicher) Klimawandel und Vertrauensaufbau" lautete die Überschrift unserer Arbeitsgruppe für den „Pastoralen Zukunftsweg" des Erzbistums Köln. Fünf Männer und fünf Frauen waren zwei Jahre lang unterwegs. Schnell wurde uns klar, dass in der Überschrift etwas falsch war. Vertrauen kann man nicht aufbauen. Es wird geschenkt.

Frau und Mann erhalten es vielleicht als Geschenk, wenn das Klima stimmt. Das Klima ist okay, wenn die Haltung stimmt. Die Haltung ist okay, wenn das richtige Werkzeug zur Hand ist.

Als passionierter Radfahrer kommt mir der holländische Griff in den Sinn, um das zu erklären. Das meint, als Autofahrer immer die linke Tür mit der rechten Hand zu öffnen. Dabei schaut die Fahrerin automatisch nach hinten und blickt in den ansonsten toten Winkel. Segensreich für die Radfahrer! Allein in Köln gab es in einem Jahr mehr als 100 schwere Unfälle, als Menschen auf dem Fahrrad gegen sich plötzlich öffnende Autotüren fuhren. Das Werkzeug ist der holländische Griff. Die Haltung ist die Rücksichtnahme aufeinander. Das Klima ist eine Verkehrsgestaltung in gegenseitiger Solidarität, oder emotionaler formuliert: in Harmonie.

In diesem Buch geht es nicht um Fahrradfahren, sondern um Werkzeuge und Haltungen, die ein Klima in der Kirche bewirken, in dem es sich frei und froh atmen lässt. Warum dies gerade jetzt angesagt ist, beschreibe ich nicht, weil es wohl alle wissen – nach den Skandalen von sexueller Gewalt und misslungener Aufarbeitung, angesichts der anschwellenden Austrittszahlen.

Wie bei den Anstrengungen gegen den Klimawandel viele einzelne Werkzeuge zugleich in einer so umfassend noch nie versuchten konzertierten Aktion zum Einsatz kommen müssen, um ausreichend zu wirken, ist auch der notwendige „Klimawechsel" in der Kirche mit nur einer Maßnahme durch ein paar „Spitzenleute" nicht erreichbar. Der Meister kann einen Hammer noch so geschickt einsetzen, ein ganzes Haus wird er damit nicht bauen. Allein mit dieser oder jener Reform in der Kirche, und sei sie noch so erstrebenswert, wird die Kirche sich nicht gründlich wandeln. Das muss sie aber. Keine Angst: Es geht dabei nicht um die Herrichtung des alten Gebäudes mit modischem Schnickschnack. Es geht um Umkehr. Um den Zu- und Anspruch Jesu. Um das Evangelium. Das, allerdings, muss Menschen im Heute verstehbar mitgeteilt und von ihnen heute als lebensrelevant in Freiheit angenommen werden können. Mit der Handwerkskunst des vorletzten Jahrhunderts kann man den Dachstuhl von Notre Dame nach der Brandkatastrophe wieder fast genauso wie damals errichten, aber nicht die Wohnungsnot der Menschen in der Stadt lösen.

Nun, wie auf der Baustelle in Paris die Architekten, Ingenieure und Handwerker die Schäden nach dem Feuer begutachten, und wie die Wissenschaftler, Politiker und Klimaschutzbewegungen die messbaren Schäden der Erderwärmung beobachten, schauen wir in der Kirche auf die herumliegenden Trümmerstücke in der menschengemachten Katastrophe seit 2010 (das heißt, da wurde sie – Gott sei Dank – offenbar, der Brand schwelte ja schon lange). Dann erwägen wir verschiedene Maßnahmen aus einer gemeinsamen Haltung und bitten die vielen Fachleute, die Getauften, mit zu arbeiten, denn sie haben die Werkzeuge in den Händen. Schließlich reißen wir die Fenster auf, um gegen den Brandgeruch frische Luft her-

einzulassen, und die Türen, damit Menschen wieder herein-
kommen können – und wir raus zu ihnen.

Wir Autor*innen haben uns zwei Jahre lang ziemlich ernsthaft
Gedanken um einen Kulturwandel – den Klimawechsel – in
der Kirche gemacht. Dabei haben wir eben nicht den einen
Tipp als die große Lösung für alles gefunden, sondern uns der
notwendigen Haltung angesichts der Herausforderungen ver-
gewissert und dann Werkzeuge benannt, mit denen die Arbeit
zu bewältigen sein könnte. Das sind gewiss noch nicht alle,
aber genug, um anzufangen. Beim Anpacken tragen die Karikaturen von Max Zimmermann im Buch dazu bei, dass der
Spaß an der Freud wieder wächst. Auch davon, glaube ich, gibt
es beim gemeinsamen Aufbau dann noch einiges mehr.

Franz Meurer
für das Autor*innenteam

I.
ZWISCHEN TRÜMMERN

Ehrlich sagen, was ist – das gehört als erstes zur Haltung des kirchlichen „Klimawechsels". Dies nicht nur im sehr internen Kreis zu tun, ist das Werkzeug, mit der die Haltung zum Ausdruck kommt. In einer „Blase" fällt es leicht, die Wahrheit nur bruchstückhaft zu sagen und sich und anderen über die Situation weiterhin in die Tasche zu lügen. Nun ist es einerseits mutig, sich ehrlich auch mit unangenehmen Aussagen gegenüber den „Eigenen" zu äußern. Andererseits bedeutet es ein gutes Zeichen für eine bereits sich ändernde Haltung, wenn die Leitung der „Eigenen" die offenen und kritischen Worte für die Öffentlichkeit vervielfachen lässt. Das folgende Interview wurde im Juni 2021 in einem Magazin des Erzbistums Köln kostenfrei an mehr als eine Million Haushalte geliefert.

Franz Meurer

Damit Kirche eine Zukunft hat, muss sich einiges ändern

1

Ein Interview

Herr Meurer, Sie haben ein T-Shirt mit dem Aufdruck „Viel geht, wenn Vertrauen geht" (Markus Roentgen). Warum ist Ihnen dieser Satz so wichtig?

Meurer: Das ist eines meiner Lieblings-T-Shirts und dieser Satz einer meiner Lieblingssätze, weil er stimmt: Vieles ist möglich, wenn Vertrauen da ist. Ich hab aber später auch kapiert, dass der Satz ja auch negativ gemeint sein kann im Sinne von: Viel geht auch verloren, wenn das Vertrauen weg ist.

Die Kirchenaustritte in diesem Jahr in Köln werden einen neuen Rekordwert erreichen, sagen Experten. Was sind Ihrer Meinung nach die Gründe dafür?

Meurer: Zurzeit kreisen wir in der Wahrnehmung der Menschen zu 90 Prozent um uns selbst. Die haben den Eindruck, in dieser Kirche komme ich nicht vor. Der Soziologe Hartmut Rosa hat mal gesagt: Die Kirche hat das gleiche Problem wie die Politik. Die Menschen spüren keine Resonanz und fragen sich: Komme ich da überhaupt noch vor? Bin ich da erwünscht? Das ist sehr, sehr schlimm. Umso wichtiger ist, ihnen zu sagen: *„Ich loss dich net em Riss"*, auf Hochdeutsch: Ich lasse dich nicht allein, ich lasse dich nicht hängen. Und das Sich-Kümmern um andere passiert ja auch zum Glück nach wie vor in unserer Kirche. Papst Franziskus macht es uns vor, wenn er immer wieder selbst zu den Menschen an den sogenannten Rändern geht, zu denen, die die Gesellschaft oft vergessen hat.

*Dennoch haben viele Gläubige ein großes Problem mit der Hier-
archie in der katholischen Kirche und den daraus resultierenden
Machtverhältnissen. Was sagen Sie denen?*
Meurer: Du kannst heute nichts mehr „von oben nach unten"
anordnen, das ist vorbei, sondern man muss um Verständnis
werben. Das gilt für die Kirche genauso wie für jede Firma. Der
Kabarettist Jürgen Becker erzählt doch immer, dass der Vater
ihm auch mal eine gescheuert hat. Dann hat aber seine Mutter
ihm gesagt: „Heinrich, das macht man heute nicht mehr." Und
er hat geantwortet: „Ach so", und dann hat er das nie mehr getan. Auch die Kirche muss ihr Verhalten ändern. Gegen Fremd-
bestimmung haben viele etwas – und zu Recht. Gegen Mitbestimmen hat keiner was. Wir brauchen mehr Demokratie.

*Wie setzen Sie dieses Mitbestimmen, diese Demokratie bei Ihnen
in der Gemeinde um?*
Meurer: Ich kann mich wunderbar raushalten. Das ist schon
mal wichtig. Ich will und muss nicht alles wissen. Wer Verantwortung hat, entscheidet, und das muss eben nicht der Pfarrer
sein. Kardinal Walter Kasper hat mal auf die Frage „Was ist die
Kirche?" gesagt: Keiner kann alles. Nicht jeder kann jedes. Alles können nur alle sein und die Einheit aller nur ein Ganzes.
Das ist die Idee der katholischen Kirche. Da hat der Mann
recht, und jeder kann zustimmen.

*Also muss mehr Verantwortung von Priestern an Laien abgegeben
werden?*
Meurer: Die muss nicht abgegeben werden, die Verantwortung,
und schon gar nicht delegiert. Die Getauften der Kirche haben sie
längst schon. Die sind das Volk. Die sind Priester, Propheten und
Heilige. Sie haben die Würde qua Taufe, nicht qua Kirchensteuer.

*Wie stehen Sie zu Forderungen, Frauen den Zugang zu Weihe-
ämtern zu ermöglichen?*

Meurer: Es geht auf Dauer nicht, dass Frauen nicht in Ämter der Kirche kommen. Das wird kommen müssen, sonst ist die Kirche am Ende, weil das die Leute nicht verstehen. Dann sind wir irgendwann 'ne kleine Sekte. Wir brauchen Gleichberechtigung, und wir können uns an keiner Stelle in der Gemeinde etwas Klerikales erlauben. Das Ganze funktioniert ohne Frauen ja gar nicht. Wir haben hier acht Katechetinnen, die alles organisieren. Die haben eine Videokonferenz mit Weihbischof Steinhäuser organisiert. Da habe ich gefragt, ob ich teilnehmen darf, und zum Glück durfte ich. Sie hätten aber auch Nein sagen können, dann wäre das auch in Ordnung gewesen.

Was muss sich ändern?
Meurer: Damit die Kirche eine Zukunft hat, müssen sich Dinge ändern, die für die Leute vor Ort längst klar sind. Völlige Gleichberechtigung von Mann und Frau. Sexuelle Orientierungen spie-

len keine Rolle mehr, Generationengerechtigkeit muss gelebte Praxis werden. Das sind Themen, die unsere Leute bewegen, und wenn sich da nichts tut, sind die Menschen weg. Es ist einfach, nicht kompliziert, zugleich ist es schwer und nicht leicht.

Wie sieht Ihre Vision für die katholische Kirche im Erzbistum im Jahr 2030 aus?
Meurer: Im Jahr 2030 sind wir bescheidener geworden, aber nach wie vor rheinisch. Viele werden sich weiter beteiligen. Menschen treten wieder in die Kirche ein, weil sie spüren, dass es jetzt eine Chance zur Veränderung gibt. Es wird das, was geistlich ist, nicht nur Behauptung sein, sondern Realität.

Das Interview führte **Martin Mölder** *im April 2021, es erschien im Magazin „SommerZeit" des Erzbistums Köln im Juni 2021, Seiten 10 u. 11.*

Die Überschrift des folgenden Beitrags enthält ein unge-
schriebenes, aber deutlich vernehmbares „trotzdem". Man
muss sich die Lage in Frühjahr und Frühsommer 2021 vor
Augen halten, als dieses Buch entstand: Aus Kanada kommen, wie schon früher aus Irland, Berichte über klandestine
Kinderfriedhöfe bei einst katholischen Heimen für indigene
Kinder. Im Vatikan beginnt der Prozess gegen Geistliche,
darunter ein Kardinal, und deren Mitarbeiter*innen, wegen
Veruntreuung, Betrug und Korruption mit Millionenverlusten
in einem Immobiliengeschäft. Die römische Glaubenskon-
gregation verbietet die Segnung homosexueller Paare. Der
Papst weist das Rücktrittsgesuch, ein „Zeichen der Verantwortung", des Münchner Erzbischofs Kardinal Marx zurück,
während die päpstliche Entscheidung über die Leitung im
Erzbistum Köln – nach mehr als einem Jahr verheerender
Offenbarungen, undurchsichtiger Steuerung und Vertrauensverlust – noch aussteht. Das Thema sexueller Missbrauch
von Kindern durch Priester und Ordensleute: unbewältigt
und immer noch nicht transparent behandelt, und das ganze elf Jahre nach der ersten Eruption durch das Bekanntwer-
den von Kindesmissbrauch durch Priester und Ordensleute
in Berlin. Darüber geraten frühere „Aufregungen" – Mixa, Te-
bartz-van Elst, Finanzskandal Eichstätt … – fast in Verges-
senheit, aber sie haben über Jahre hinweg einen Eindruck
von der Kirche begründet, der durch den Missbrauchsskandal eine unüberbietbare Bestätigung fand. Katholisch bleiben? Trotzdem! Diese Haltung bedarf einer Rechtfertigung.
Vor den „anderen". Und sich selbst.

2

Werner Höbsch
Warum ich in der Kirche bleibe

Ein Versuch, Rechenschaft zu geben

Die Zahl der Menschen, die in den ersten Monaten des Jahres 2021 die katholische Kirche verlassen haben, ist enorm hoch. Darunter befindet sich auch eine beträchtliche Zahl treuer Katholikinnen und Katholiken. Als Gründe für einen Kirchenaustritt werden genannt: Verbrechen des Missbrauchs, Vertuschung von Straftaten, eine rückständige Sexualmoral, der Umgang mit Frauen, die Zulassungsbedingungen zu den Weiheämtern, der Umgang mit Macht – um nur einige zu nennen.

Aber gibt es auch Gründe, in der Kirche zu bleiben in einer Zeit, da viele Katholik*innen wie auch mich Zorn und Trauer, Wut und Entsetzen packen? Diese Frage kann ich nur persönlich beantworten. Auf keinen Fall ist es Gewohnheit, die mich hält: „Ich war ja Zeit meines Lebens katholisch." Vielmehr frage ich mich ernsthaft, gibt es einen inhaltlichen Grund zu bleiben und eine Hoffnung, die mich trägt und von der ich mir selbst gegenüber Rechenschaft ablegen kann?

Die katholische Kirche zeigt sich aktuell in einem selbst verschuldeten desaströsen Zustand, der ohnmächtige Traurigkeit auslöst. Es ist bitter zu erfahren, welches Leid in der und durch die Kirche ihr Anvertrauten angetan wurde, größer und bitterer ist der Schmerz der Opfer. Das Gutachten der Kanzlei Gercke & Wollschläger zum Missbrauch spricht von systemisch bedingten Ursachen der Pflichtverletzungen von Amtsträgern. Die Reputation der Kirche war Verantwortlichen wichtiger als der Schutz der Opfer, das Ansehen der Kirche wurde höher eingestuft als eine konsequente, schonungslose Aufdeckung und Aufarbeitung der Verbrechen.

Jedes Jahr in den Kartagen stellt die Kirche die Passion Christi in den Mittelpunkt der Betrachtung. Jesus wurde auf Befehl von Pilatus gegeißelt und schwer verwundet. Heute heißt das: Die schrecklichen Taten des Missbrauchs waren und sind Geißelhiebe an Leib und Seele von Kindern, Jugendlichen und Schutzbefohlenen. „Was ihr dem Geringsten meiner Brüder getan habt, das habt ihr mir getan." Die Geißelung Christi erfolgte in unserer Zeit nicht auf Befehl eines außenstehenden Statthalters, sondern durch Geistliche, die mit ihrer Weihe die Sendung und die Vollmacht erhalten haben, *in persona Christi* zu handeln.

Das Vertrauen und der Glaube zahlreicher Menschen wurden schwer beschädigt oder gar zerstört. Sicherlich ist es notwendig, die Verbrechen und das schuldhafte Versagen juristisch aufzuarbeiten und Konsequenzen zu ziehen. Aber das reicht nicht. Soll das Wort *„ecclesia semper reformanda"* nicht eine bloße Phrase sein, sind radikales Umdenken und nicht nur formal-juristische Schritte erforderlich.

Vor mehr als 50 Jahren äußerte der christliche Philosoph Marcel Légaut (1900-1990) die Auffassung, dass *diese* Kirche (nicht *die* Kirche) sterben muss. Davon bin ich heute überzeugt, Sterbeprozesse erleben wir in dieser Zeit. Ich gehöre zu einer Kirche, die nicht von außerhalb, sondern aus ihrer Mitte heraus schwer beschädigt, wenn nicht tödlich verwundet wurde. Warum also in dieser Kirche bleiben? Welche Hoffnung trägt mich und lässt mich trotz alledem bleiben?

Meine Hoffnung kann ich nur radikal, von der Wurzel her, begründen. Ich traue – mal mit größerer, mal mit kleinerer Zuversicht – dem Wort Gottes und seinen Verheißungen. Das Wort, das mir in den biblischen Schriften des Alten und Neuen Testaments begegnet, grabe ich immer und immer wieder um und meditiere es, um mich seiner inspirierenden Kraft zu öffnen. Christ bin ich, weil ich dem Mann aus Nazareth und seinem „Programm", der Bergpredigt, traue, weil sein Leben in Gewaltlosigkeit bis zum Kreuz, ja bis zum Tod am Kreuz die unwiderrufliche Barmherzigkeit Gottes offenbart, der dem Hass und dem Tod nicht das letzte Wort lässt, der den Gekreuzigten vom Tod erweckt hat. Ich traue der Botschaft von der Gottesherrschaft, die Christus verkündete und in seinem Leben bezeugte. Eine Orientierung an dieser Botschaft lässt sich inner- und außerkirchlich nicht mit dem Streben nach Macht vereinbaren, das weltliche Herrscher antreibt. „Bei euch soll es nicht so sein!" (Mk 10,43)

Ja, das könnte doch alles auch außerhalb einer kirchlichen Einbindung geglaubt und gelebt werden. Stimmt. Es gibt überzeugte und überzeugende Glaubende, die sich außerhalb der Kirche am Wort Gottes orientieren und vorbildlich Nächstenliebe üben. Warum also bleiben?

Ich persönlich habe das Wort Gottes und die Beziehung zu Christus durch die Kirche kennengelernt – da waren zuerst meine Eltern, später Kapläne sowie Lehrerinnen und Lehrer der Theologie. Durch sie habe ich einen Zugang zum Beten gefunden, Gemeinschaft erfahren, den Ort für ein Engagement für Frieden und Gerechtigkeit gefunden. Die Kirche begleitet mein Leben von Kindheit an. Einen bedeutenden Impuls für meinen religiösen Weg gab das Zweite Vatikanische Konzil (1962-1965) mit dem Ruf zum *Aggiornamento*. Es beflügelte den Geist der Erneuerung und weckte auch bei mir Hoffnung auf Veränderung, auf eine glaubwürdige Kirche in den Kontexten ihrer Zeit. Die Hoffnung, die trägt, ist kein Beruhigungsmittel, vielmehr versetzt sie in Unruhe. Wer heute Hoffnung leben will, muss widerspenstig sein – dort, wo äußere Ordnungen wichtiger sind als Inhalte, das Aufrechterhalten von überkommenen Strukturen vor Wegen der Erneuerung steht. Widerspenstigkeit sehe ich als Christenpflicht an. Um des Evangeliums und der Glaubwürdigkeit der Kirche willen brauchen wir einen offenen, ehrlichen Dialog.

Heute setze ich mich in und für die Karl Rahner Akademie in Köln mit ihrem Leitwort „katholisch – offen – frei" ein. Diese ist ein Ort des Vor- und Nachdenkens in Kirche und Gesellschaft, ein Ort des Dialogs, den wir so dringend benötigen. Andere engagieren sich ebenfalls bewusst innerhalb der Kirche.

Die Kirche ist nicht erst in unserer Zeit mit Schuld beladen, Versagen und Verrat am Evangelium sind nicht nur Kennzeichen unserer Zeit. Das schmerzt. Die Kirche ist aber auch eine Gemeinschaft von aufrichtigen Männern und Frauen, die in der Geschichte der Kirche für ihre Erneuerung eintraten und widersprachen. Diese Aufrichtigen begegnen mir auch heute in der Kirche. Sie setzen sich mit ihrem Lebenszeugnis für die Weitergabe des Evangeliums ein, gestalten Orte spirituellen Lebens, engagieren sich für Arme und Entrechtete und versuchen – aus der Mitte ihres Glaubens heraus – mit ihrer Kraft das zu tun, was Frieden schafft.

Ich bleibe in der Kirche, weil ich in und durch sie die heilsame und frohe Botschaft Jesu kennengelernt habe, die mir auch heute nahegebracht wird. Ich bleibe in der Kirche, weil ich in der Feier des Gottesdienstes, besonders in der Eucharistiefeier, die göttliche Gegenwart als lebensförderlich erfahre. Ich bleibe, weil ich in meiner Gemeinde Frauen und Männern begegne, denen das Wort Gottes Weisung für ihren Weg und ihr Handeln ist. Dafür bin ich dankbar.

„Es geht. Anders" – so lautete das Motto der Misereor-Fastenaktion 2021. Ja, es geht anders und muss anders gehen – in der Gesellschaft wie auch in der Kirche. Von Theodor W. Adorno stammt der Satz: „Die fast unlösbare Aufgabe besteht darin, weder von der Macht der anderen noch von der eigenen Ohnmacht sich dumm machen zu lassen" (Minima Moralia, Nr. 34). Das gilt auch mit Blick auf die Kirche.

Ich bleibe dabei.

Der Dichter drückt auf seine Art Wirklichkeit und vielleicht Wahrheit – „im Schutt" – aus. So ist sie jedenfalls zumutbar.

Markus Roentgen

Wenn die Gebäude zerbrechen

abbrechen

auch
Denkgebäude
auch
Glaubensgebäude
zerbrechen

brechen ab

dann

vielleicht

entdecke
im Schutt
das zart blühende
Fragment
des Anfangs
zum Ende
wieder

II.
AUFRÄUM-
ARBEITEN
UND NEUBAU

Das eine ist, was *die Arbeitsgruppe im Erzbistum Köln zum „(Geistlichen) Kulturwandel" für die Kirche an Ergebnissen erarbeitet hat. Das andere, ebenso ein nützliches Werkzeug, ist wie. Dazu gehören die Erfahrung und die Einsicht, dass es in der Kirche keinen Klimawechsel geben wird, ohne dass die Kirchlichen selbst sich verändern, verwandeln. Das alte, leicht spöttische Gedicht von Lothar Zenetti, „Frag hundert Katholiken, was das Wichtigste ist in der Kirche", verweist hier noch einmal und ernsthaft darauf, worum es eigentlich geht. Wir glauben an die Wandlung. Aber natürlich ist sie nur „an ihren Früchten" zu erkennen.*

Viel geht, wenn Vertrauen geht

Wie wir einen Kulturwandel „ausprobierten"

Es ist der 17. September 2018, ein Montagmorgen. In einem Besprechungsraum der Kirchengemeinde St. Elisabeth in Köln-Höhenberg ist der Tisch reichlich gedeckt – Kaffee und Wasser, Kuchen und belegte Brötchen, Schokolade und Obst. Drum herum blicken zehn Augenpaare gespannt, erwartungsfroh, zum Teil auch skeptisch in die Runde. Die fünf Männer und fünf Frauen wissen, dass sie von nun an für zwei Jahre eng verzahnt miteinander arbeiten werden. Sie sind aufgerufen, den pastoralen Erneuerungsprozess im Erzbistum Köln mitzugestalten, und sollen eines von fünf thematischen Arbeitsfeldern aufbereiten. Was das bedeuten kann und soll, welcher Beitrag von ihnen erwartet wird und welche Expertise sie einbringen können – all das erwarten sie nun zu erfahren. Nur wenige kennen sich gut, die meisten eher flüchtig. Einige haben voneinander gehört, andere haben eine Ahnung, mit wem sie es hier zu tun bekommen. Den meisten aber drängt sich wohl die Frage auf, warum genau sie in dieser Konstellation aufeinandertreffen.

Was klingt wie der Beginn eines soziologischen Experiments, ist der Beginn einer spannenden und intensiven Denkreise in Gegenwart und Zukunft der Kirche. Denn so bunt wir zusammengewürfelt sind, so verschieden sind auch unsere geistlichen Prägungen, kirchlichen Erfahrungen und aktuellen Themen. Wir alle arbeiten haupt- oder ehrenamtlich in und für Kirche. Unsere persönlichen Biographien sind zwar kirchlich geformt, jede*r aber hat in der Kirche auch seine „Nische", seinen Platz und damit seine unverwechselbare Stimme gewonnen. Diese Wahrnehmung bestimmt unser gemeinsames Arbeiten vom ersten Aufeinandertreffen an. Da sind zwei Männer und eine Frau mitten aus der pastoralen Praxis. Sie leben Kirche, wollen Kindern, Familien, Alt und Jung den Glauben in einer ansprechenden und zugewandten Form nahe bringen – und gehen dabei jede und jeder für sich sehr unterschiedliche Wege. Dann ist da eine Ordensschwester, die nicht nur durch ihre Lebensentscheidung, sondern auch durch ihre bewegte Biographie glaubwürdig über den Mut zum Wandel spricht. Ein Theologe und eine Theologin aus dem Generalvikariat in Köln bringen ihre Erfahrungen über die Sehnsucht nach glaubwürdiger Spiritualität und zeitgemäßem Sprechen von Gott ein. Eine ausgebildete Kinderkrankenschwester, Psychologin und Organisationsentwicklerin, die ehrenamtlich in der Kirche aktiv ist, äußert sich aus ihrer Perspektive aus vielen Jahren der Jugendverbandsarbeit. Ein weiterer Theologe und pensionierter Mitarbeiter des Generalvikariats bringt die Erkenntnisse aus der Beschäftigung mit dem interkonfessionellen und interreligiösen Dialog ein. Die Runde wird vervollständigt von der jungen Mitarbeiterin einer Beratungsfirma; selbst fest im Glauben verwurzelt, soll sie, wie ihre nachfolgenden Kollegen, den Diskussions- und Arbeitsprozess steuern.

Genau diese Aufgabe wird sich angesichts der Vielfalt der Charaktere, Meinungen und Ideen als immer wieder neu herausfordernd erweisen. Bereits der Arbeitsauftrag hat es in sich, birgt er doch Raum für Interpretationen: Wir sollen nachdenken über einen geistlichen Kulturwandel und Vertrauensarbeit. Inwieweit aber ist ein Wandlungsprozess geistlich steuerbar, wenn der Geist doch weht, wie und wo er will (Johannesevangelium 3,8), und sich vor allem durch Freiheit auszeichnet (2. Korintherbrief 3,17)? Und kann Kirche in einer Zeit der Glaubwürdigkeitskrise mit verordneten Kampagnen Vertrauen zurückgewinnen? Oder braucht es nicht vielmehr ganz zaghafte Versuche, Vertrauen neu zu wagen? Allein schon diese grundlegenden Fragen zur Themenstellung lassen die Vielzahl von weiteren Türen erahnen, die sich einen Spalt breit oder ganz öffnen. So brachen sich bereits in der Anfangsphase, in der wir vor allem das Thema sondierten und Wahrnehmungen und Ideen nebeneinanderlegten, sehr viel Frust, Ärger und eine gewisse Ratlosigkeit Bahn. Den vielen Stimmen in der Gruppe war aber auch zu verdanken, dass immer wieder von wahrgenommenen Hoffnungszeichen, vom Willen zum Dranbleiben und Nichtaufgeben die Rede war.

Diese ambivalente Stimmung zwischen Zuversicht und Sorge, zwischen Mut und Verzweiflung, zwischen Freude und Resignation prägte das gemeinsame Arbeiten über die gesamte Zeit. In zwei Jahren erarbeiteten wir uns ein grundlegendes Wissen zum Thema Kulturwandel durch interessante Gesprächspartner von innerhalb und außerhalb der Kirche und in der Beschäftigung mit Studien und Prozesswerkzeugen. Wir brachten kirchliche Mitarbeitende aus ganz unterschiedlichen Berufen zusammen, um ihre Erfahrungen und Anregungen einzuholen. Wir suchten das Gespräch mit Ausgetretenen und Enttäuschten, mit ehrenamtlich Engagierten und pastoralen Mitarbeitenden. Die Hoffnungen der Jugend fanden ebenso ihren Platz in unseren Überlegungen wie die Sorgen und Ängste der mittleren und älteren Generation. Es wurden Statements entworfen und wieder verworfen, Forderungen formuliert und durch Empfehlungen ersetzt. Wir rangen um einzelne Worte und um Deutungen, suchten nach zutreffenden Bildern und konsensfähigen Begriffen. Einige unserer Überlegungen und Erkenntnisse stellen wir in diesem Band vor in der Hoffnung, dass sie auch für andere Interessierte und Engagierte hilfreich sind. Das Wesentliche unserer zweijährigen Arbeit lässt sich jedoch nur schwer in Positionspapieren oder Konzepten festhalten. Denn rückblickend ist die größte Errungenschaft unserer Arbeitsgruppe: die Gruppe selbst. Nicht, weil wir fortan als „Club der Kulturwandler" für und auf alles eine Antwort haben, sondern weil wir selbst durch die Erfahrung eines notwendigen Wandels gegangen sind – mit allen Leiden und Freuden, die so ein Weg mit sich bringt.

Deutlich wird dieser innere Prozess an einem greifbaren Produkt unserer Überlegungen. Gemeinsam haben wir sieben Haltungen als Vision für eine Kirche des Wandels entwickelt:

1) Gott vertrauen.
2) Menschen hören.
3) Neues denken.
4) Verantwortung teilen.
5) Barmherzig sein.
6) Nachhaltig handeln.
7) Spaß an der Freud.

In ihnen spiegelt sich unser fachliches und inhaltliches Arbeiten, aber auch das innere, geistliche Ringen wider, denn jede dieser Haltungen ist im Feuer der gemeinsamen Arbeit geschmiedet und hat sich in ihm bewähren müssen.

Der Weg der Beschäftigung mit dem Thema „(Geistlicher) Kulturwandel und Vertrauensarbeit" war geprägt von intensiven Auseinandersetzungen. Die mit viel Leidenschaft geführten Diskussionen waren zu Beginn oft scharf im Wort, kompromisslos in der Analyse und hart in ihren Forderungen. Es gab Treffen, die mancher mit Magengrummeln verließ, oder in denen nur mit Hilfe einer guten Moderation oder dem gelassen-ausgleichenden Charakter einzelner die Stimmung wieder eingefangen werden konnte. Da schienen sich unterschwellige Vorurteile übereinander zu bestätigen oder kirchliche Lager zu manifestieren. Da machten sich tiefgehende Verletzungen bemerkbar und blauäugiger Optimismus wurde enttarnt.

Auf eine erste Phase des sich aneinander Abarbeitens, die zum Findungsprozess einer solchen Gruppe gehört, folgte

Neues Denken

sehr schnell eine Zeit des intensiven Hörens und Wahrnehmens, die einherging mit den ersten Expertengesprächen und Beteiligungsformaten. Das gemeinsame Hören auf Menschen schärfte das Gehör auch für die Zwischentöne unter uns. Der Wunsch, möglichst aufmerksam für die verschiedenen Sehnsüchte, Wünsche und Ängste anderer zu sein, ließ uns genau diese auch aneinander entdecken. Natürlich gab es auch vorher schon Situationen, in denen uns dies gelungen ist, und später solche, in denen es nicht gelang. Und doch hat das gemeinsame Zuhören uns verändert. Entscheidend war, dass wir nicht nur inhaltlich, sondern innerlich ins Hören gekommen sind. Die geistlichen Impulse zu Beginn einer jeden Sitzung machten dies möglich. So unterschiedlich sie ein jeder von uns gestaltete, so persönlich gab jeder von uns Stück für Stück Zeugnis von der Hoffnung, die ihn und sie erfüllt. Da wurde aus dem simplen Satz auf einer Kunstkarte, „Erklär mir rosa!", ein tiefgehender Dialog über Gottesvorstellungen, oder ein Gedanke aus einem vorgelesenen Text prägte noch Wochen später unsere Gespräche, weil er wieder und wieder zitiert wurde. Vielleicht lässt sich die Erfahrung des geistlichen Miteinanders nur schwer in Worte fassen, aber sie wurde immer mehr stilprägend für unsere gemeinsame Arbeit. Sie ließ hinter kantigen Diskussionsbeiträgen die innere Überzeugung der Nähe Gottes sichtbar werden und eine Leidenschaft für die Kirche. Sie ließ das Verständnis wachsen, dass sich die Sorge um den anvertrauten Glauben nicht in Abgrenzung zeigen muss.

So wie wir im geistlichen Dialog immer vertrauter miteinander wurden, so fanden wir auch im Inhaltlichen immer mehr zusammen. Wir entdeckten gemeinsam Worte, um dem Vertrauen auf Gottes Wirken in seiner Kirche Ausdruck zu verleihen und den Hunger nach Gott-Nähe im eigenen Leben und im Leben der Menschen unserer Zeit zu spüren. Miteinander um Themen zu ringen, bedeutete nicht mehr, um Deutungshoheit zu kämpfen, sondern durch den Beitrag der anderen an Verständnis zu gewinnen. Die Rückschritte, die es freilich auch in diesem Prozess gab, lehrten uns, dass es Zeit braucht, aufeinander zu hören und das Gehörte wirken zu lassen. Es wurde wichtig, das Gemeinsame zum Tragenden zu machen, ohne Differenzen zu überspielen. Wenn wir uns dann an divergierenden Positionen abarbeiteten, stellte das nicht mehr die gemeinsame Sorge und Freude über eine Institution infrage, die für jede*n von uns Heimat ist. So konnten wir neue Denkmodelle zulassen, ohne den Eindruck zu haben, etwas zu verlieren. Daraus erwuchs die Hoffnung auf eine gewinnende Co-Existenz von Positionen auch in den gesamtkirchlichen Auseinandersetzungen. Zu einer gewandelten Form von Kirche wird das Aushalten der Andersheit des Anderen und der gleichzeitigen Erkenntnis des Gemeinsamen genauso gehören wie der barmherzige Umgang mit dem eigenen Scheitern und dem der Schwestern und Brüder. Wer Verantwortung für das Haus der Kirche teilt, lässt zu, dass Fehler passieren, aber auch, dass aus gemeinsamer Anstrengung Neues erwächst. Insbesondere das Kleine, Neue, Zarte des Aufbruchs wachsen zu lassen, wurde für unser Denken entscheidend. Denn Veränderung ereignet sich nicht im bloßen Verkündigen, sondern dort, wo das Verkündigte zur Tat wird. Jesus preist die selig, die Frieden stiften, nicht die, die von Frieden reden! Deshalb sind wir mit dem Nachdenken über Kulturwandel selbst zu denjenigen geworden, die versuchen, ihn zu leben. Die Auseinandersetzung mit Fragen nach einer gelebten Schöpfungsverantwortung, einer einladenden Begegnungskultur oder gelingenden Versöhnungs- und Dialogprozessen hat unsere Alltagssprache, aber auch unser Denken und Urteilen nachhaltig verändert. Das zeigt sich vor allem jetzt, da jede und jeder von uns wieder zurück in seinen gewohnten Bezügen, Themen und Projekten unterwegs ist.

Dass uns in der Auseinandersetzung mit dem Thema Kulturwandel nie die Puste ausgegangen ist, verdankt sich zwei Grundüberzeugungen, die wir von Anfang an miteinander teilten, auch wenn wir sie erst aneinander entdecken mussten. Jede und jeder von uns hat ein unerschütterliches Vertrauen in Gottes Gegenwart. Uns eint die Erfahrung seiner Nähe in den ganz persönlichen Glaubenserfahrungen, aber auch in den Begegnungen mit Menschen und in den kirchlichen Vollzügen. Aus diesem Reichtum des eigenen Glaubens ist eine Leidenschaft für die Botschaft des Evangeliums erwachsen, die auch Stürmen standhält. Und so eint uns auch die Freude über das Geschenk des Glaubens und die Lust, diese Begeisterung weiterzutragen – auch und gerade wegen der Herausforderungen unserer Zeit.

Nach zwei Jahren ist die Arbeit unserer Gruppe beendet. Längst haben die alltäglichen Herausforderungen der Pastoral und der unterschiedlichen Berufsperspektiven uns wieder. Ob ein geistlicher Kulturwandel in der Kirche gelingt, bleibt eine offene Frage. Dass ein Kulturwandel gelingen kann und wie, dazu haben wir eine Erfahrung machen dürfen: „Viel geht, wenn Vertrauen geht" – dieser Satz ist nicht nur ein Arbeitsergebnis. Er ist eine gemeinsam gewonnene und gelebte Einsicht, dass Vertrauen kommen und gehen kann. Wo Vertrauen gelingt und daraus etwas erwächst, gelingt viel – auch ein Wandel. Wie in jedem Veränderungsprozess braucht es dazu die eigene Bereitschaft, mit dem Vertrauen im eigenen Leben und Handeln zu beginnen.

Die Kölner Arbeitsgruppe „(Geistlicher) Kulturwandel, Vertrauensarbeit" hat noch zu Beginn ihrer Beratungen, zum Abschluss der Phase ihres Sich-Selbst-Vergewisserns und Sich-Verständigens, sieben Leitmotive seelsorglicher Arbeit – nicht festgelegt, eher herausgefunden. Darin steckt die christliche Haltung für den pastoralen Auftrag der Kirche und jede/n ihrer Mitarbeiter*innen. Die sieben Motive enthalten, unauflösbar miteinander verbunden, sowohl Grundlegendes, im Sinne von: Voraussetzung, als auch die Zielvorstellung, im Sinne von: da geht es hin. Angestrebt, angewandt und gelebt profilieren sie den Charakter alltäglicher kirchlicher Arbeit. Im Folgenden stehen die Motive in einem Assoziationsfeld geistlicher Überlegungen und konkreter Umsetzungsvorschläge. Vielleicht ist es rund um Punkt 7, „Spaß an der Freud", etwas spaß- und freudlos geraten. Aber man bedenke bitte, wie viele bitterernste Arbeitssitzungen im Rheinland stattfinden, damit der Karneval lustig wird! „Ihr werdet lachen" (Lukas 6,21) ist ja nicht kirchlichen Arbeitsgruppen und Gremien versprochen. So stellt sich der „Spaß an der Freud" gewiss woanders ein, mit anderen. Geschenkt.

Peter Otten und Markus Roentgen 5
Wie werden wir, die wir sind?

Zuerst eine Hinführung zu sieben konkreten Umsetzungsprojekten mit hoffentlich einladendem Charakter zur integralen Aufnahme in viele Bereiche des kirchlichen Lebens:

Eine Vorüberlegung:

die Wahrheit gewährt
nur je eine Andeutung
ihres Seins an uns

Wie werden wir, die wir sind? Gottverbunden immer liebendere Menschen, wirksam in gerechten Lebensformen, wahrhaftig und voller Erbarmen, offen im Denken und im Leben, verantwortlich ohne Machthunger und Dünkel, einladend ohne Anbiederung, lustvoll in Feier und Arbeit, nachhaltig im Umgang mit Anvertrautem in der Ökumene der Kirche und der Menschheitsfamilie.

den Beginn Gottes
in Geist, Wahrheit und Leben
verwirklichen

In Allem gelte der Paradigmenwechsel:
Von einer reglementierenden zu einer ermöglichenden Pastoral, worin die Struktur der Pastoral folgt und die Pastoral dem, was Menschen wirklich brauchen, was sie einbringen möchten, was sie spirituell ersehnen.

Alle Mitarbeitenden in der Pastoral sprechen auf direkte und indirekte Weise von Gott. Sie sprechen Gott. Wie sprechen wir? Wenn wir von Gott sprechen, hilft uns, wie Jesus „Gott" spricht.

Unser Gott-Sprechen gelingt, wenn wir darin immer auch vom Menschen sprechen.

Unsere Lebenserfahrungen gehören hinein in das Gott-Sprechen, sind Ausdruck davon und daran gebunden.

Im Gott-Sprechen sind die uns Zuhörenden zu bejahen und zu würdigen – und wir bitten sie um Entsprechendes auf uns Sprechende hin.

Wir versuchen, uns verständlich und verstehbar zu machen für den Hörenden, mit uns Sprechenden, wenn wir Gott sprechen, wir suchen darin nach einer möglichst gemeinsamen Sprache.

Deshalb ist die Alltagssprache immer der Hof unserer Gott-Sprache.

Wenn möglich, sollte unser Gott-Sprechen dem Erzählen nahekommen.

Wir müssen darin heute klar wahrnehmen und berücksichtigen, dass unser Gott-Sprechen in dieser Zeit alles andere als selbstverständlich geworden ist, wir nehmen wahr, dass es für sehr viele Menschen ein mitunter begründeter Verdacht ist, dass unser allzu gewohntes Von-Gott-Sprechen antiquiert, mythologisch, ideologisch oder sinnlos erscheint.

Deshalb braucht unser Gott-Sprechen eine gelebte innige Beziehung zu Gott, die uns führt von der Über-ihn-Rede und der Es-Rede ins geheimnisnahe, nahezu unsagbare Du.

Der Inhalt unseres Gott-Sprechens gelingt eher, bei aller Vorsicht, nötigen Behutsamkeit und Diskretion, wenn wir sagen, was wir wirklich zu sagen haben und was uns unbedingt, herzinnig, herzwund, herzzart und herztief angeht und bis in Leib und Gebein betrifft.

Unser Gott-Sprechen soll in seiner Mitte etwas von dem öffnen, dass es das Glück ist, mit Gott zu leben, es mit Gott zu tun zu bekommen, glücklich allerdings auch von oben bis unten und von links bis rechts.

Unser Gott-Sprechen soll vom Mehr als Meer erahnen lassen, wie das erste Wort Jesu im Markusevangelium: „META-NOIE-TE", also: Denkt größer, denkt darüber hinaus und traut der frohmachenden Kunde!" (Mk 1,15). Es das Bejahende und Annehmende des erlösenden Liebens Gottes zu allem und allen.

Wir hören aufmerksam die uns begegnenden Menschen. „Aufmerksamkeit ist das natürliche Gebet der Seele" (Malebranche). Wie Jesus im ersten Wort des Johannesevangeliums orientiert sich unser Von-Gott-Sprechen an dessen erster Frage: „Was sucht ihr?" (Joh 1,38). In dieser Frage wendet Gott sich in Jesus zu uns um, sucht uns und fragt nach unserem Bedürfen. Unser Gott-Sprechen soll so, wenn möglich immer, mit dem Lieben Gottes zu allen Menschen zu tun haben, annehmend im Bejahen, Hören, Warten, geduldig, im Mitgehen, mehr Miteinander-Sprechen als zueinander.

Unsere sieben Haltungen in der kirchlichen Praxis und ihre Konkretionen:

1. Gott vertrauen

Es wird ein Curriculum entwickelt zur Fortbildung von zwanzig Menschen (aus den Berufen der Kirche und aus freiwillig Engagierten) zur Geistlichen Begleitung und Inspiration von Gruppen, Teams und Gremien kirchlichen Lebens. Ziel ist die Geistliche Erneuerung und Stärkung von Communio-Formungen.

Bei dem Curriculum ist es wichtig, konkrete Ziele zu formulieren bzw. sich wenigstens auf Haltungen und Inhalte zu verständigen. „Gott vertrauen" heißt ja, Gott den Primat einzuräumen. Haltungen müssten sein: Hinhören (nicht zuerst selber machen); ein Gespür haben, wo das Heil Gottes schon längst wirkt; die Welt lieben, die Menschen mögen und nicht verachten; vom seelenlosen Machen wegkommen.

Wir empfehlen disruptive Zeichenhandlungen. Unsere Idee: Warum nicht einmal in der Fastenzeit keine Sonntagseucharistie feiern, nur Gottesdienste oder Versammlungen im Schweigen, Beten und Hinhören auf das Zeugnis von Missbrauchsopfern? Dass wir es ernst meinen, wenn wir sagen, dass wir Gott vertrauen wollen, muss uns jedenfalls abgenommen werden. Keine Placebos!

Disruptives Zeichen könnte zudem sein: Jede*r Mitarbeiter*in im kirchlichen Dienst vom Pförtner über die Küsterin über den und die Bereichsleiter*in bis zum Bischof bekommt Zeit, um sich konkret um einen armen Menschen zu kümmern, zum Beispiel um ihn einmal in der Woche zu besuchen, mit ihm zu essen, Nachhilfe zu geben … Das wären konkrete Exerzitien im Alltag. Die Mitarbeitenden bekommen Zeit, in Gruppen das Erlebte zu reflektieren. Was wäre das für ein Gottvertrauen! Dies im Rahmen ihrer Arbeitszeit!

die Pflugschar
liebender Gottverbundenheit
in die harte Scholle
gesellschaftlicher Wirklichkeit
einfügen
dass
Same und Wachsen
wirklicher Gerechtigkeit
werde

2. Menschen hören

wer Du sagt, hat nichts
hat niemanden im Besitz
in der Beziehung

Das Projekt Willkommenskultur wird weiter etabliert auf Bistumsebene unter Einbeziehung finanzieller Anreize durch die Bistumsleitung.

Menschen hören heißt auch fragen: Was sucht ihr?

Neben der weltoffenen Haltung nach außen diese Haltung auch innerhalb des Arbeitsbereiches leben. Mögliches Tool hierfür wären regelmäßige Befragungen der Mitarbeitenden zur „Arbeitswirklichkeit der Mitarbeitenden".

Dazu kann ein Tool „Vorschlagswesen" entwickelt werden; er könnte bei ausreichender personeller Besetzung, Schaffung entsprechender Bearbeitungskanäle sowie ernsthafter Bearbeitung und Auseinandersetzung mit den eingebrachten Themen eine Möglichkeit darstellen, Mitarbeitende mit ihren Anliegen, Ideen und Bedürfnissen zu hören. Hier wäre es wichtig, auch mit den „unangenehmen" und „vermeintlich unangebrachten" Beiträgen wertschätzend und ernstnehmend umzugehen.

- Wir brauchen Tools, um die Kreativität der Mitarbeitenden vor Ort einzubeziehen – als Teil des Qualitätsmanagements. Umgesetzte gute Ideen müssen prämiert werden durch Geld oder Sachleistungen.
- Einführung von verbindlichen Standards der Einbeziehung aller Mitglieder der multiprofessionellen Teams in die Steuerung und Leitung der Gemeinden.
- Sicherstellen, dass die Rechte und Bedürfnisse der Mitarbeitenden auch und gerade in den neuen sehr großen Pfarreien gewahrt, ja sogar verbessert werden. Wie können wir es hinkriegen, dass Menschen auch noch im Jahr 2030 in einer Pfarrei mit 50.000 Menschen gern arbeiten?

3. Neues denken

komm, ins Offene!
wir können dich nicht lassen
Gott nicht verlieren

Eine theologische Erneuerung! Entwicklung eines offenen Formates innovativer Theologie als Erneuerung und Inspiration von Gottessprache für unsere Zeit.

Neues denken: *„Nehmt Neuland unter den Pflug!“* (Jer 4,3)

Hierzu könnte als Tool eine Innovations-/Ideenwerkstatt installiert werden. Neue Arbeitsweisen und agile Methoden würden unter entsprechender fachlicher Begleitung in einzelnen Teams erprobt und auf ihre Praktikabilität für den Arbeitsbereich getestet, um diese bei positiver Bewertung dort oder in einzelnen Bereichen zu implementieren.

Ein mögliches Werkzeug: Neigungs-Praktika der Mitarbeitenden in externen Betrieben und Bereichen. Ziele:

a) Erweiterung des eigenen Arbeits-Horizontes, Erlernen von neuen Tools etc.

b) Beschäftigung mit der (Arbeits-) Welt, also letztlich mit der Zielgruppe, um klarer zu wissen, was die eigentlich beschäftigt.

4. Barmherzig sein

Eintracht nicht Zwietracht
ist ja Ziel der Schöpfung
Bau großen Friedens

Erarbeitet werden ein Gesprächsforum und ein Liturgisches Formular zum wahrhaftigen Umgang mit Gewalt, Missbrauch, spiritueller Ausbeutung und Manipulation von Menschen durch Menschen der Kirche im Horizont einer Versöhnungskultur und der Entwicklung von Formen gewaltfreier Kommunikation.

Ebenso wird ein Fonds von nachhaltiger Größe eingerichtet, um Opfer von Missbrauch, körperlicher und spiritueller Gewalt in unserer Kirche auch durch materielle Zuwendung in ihrer Würde neu zu stärken.

a) Verbunden hiermit sind klare öffentliche Bekenntnisse und Zeugnisse zum Abbau von jeglichem Klerikalismus. Es muss erkennbar sein, dass die in der Missbrauchs-Studie benannten systemischen Risikofaktoren angegangen werden. Ein wichtiger Schritt wäre hier die Trennung von Exekutive und Judikative: die Einführung einer Verwaltungsgerichtsbarkeit. Ein weiteres Instrument: Demokratische Grundhaltungen und Strukturen aufbauen. Es gibt die Möglichkeit der Selbstbeschränkung, z. B. die Bindung an Voten von demokratischen Gremien.

b) Kulturwandel im Umgang mit sexualisierter Gewalt braucht als Fundament eine professionelle, mit Ressourcen gut ausgestattete Präventions- und Interventionsarbeit. Das Bistum muss hier Verantwortung übernehmen, indem es auf die angemeldeten Bedarfe eingeht. Das Bistum zeigt in seiner Interventionsarbeit im Hinblick auf die ehrenamtlichen Strukturen zurzeit weitestgehend ein rein juristisch-formales Handeln. Es braucht ein Konzept zur Nachbereitung, das die pädagogischen, psychologischen und sozialen Aspekte einbezieht.

Erläuterungen:
Durch eine intensivere Präventionsarbeit (z. B. durch die Erstellung der Schutzkonzepte) ist in den kirchlichen Jugendgruppen bereits eine höhere Sensibilität für das Thema sexualisierte Grenzverletzungen und Gewalt entstanden. Hier ist der Kulturwandel bereits aktiv und spürbar. D. h. Situationen und konkrete Fälle werden jetzt gemeldet. Es wird weniger toleriert, es gibt ein größeres Bedürfnis, das soziale Miteinander zu reflektieren. Dieser Mehraufwand braucht erhebliche Ressourcen, die dort zur Verfügung stehen müssen, wo der Bedarf entsteht. Es braucht neben der bistumsweiten Präventionsarbeit finanzielle und personelle Ressourcen für die Begleitung junger Ehrenamtlicher in diesem Handlungsfeld. Z. B. ein*e Bildungsreferent*in für die Präventionsarbeit in Jugendverbänden.

Auch bistumseigene Stabsstellen zur Intervention und Prävention sollten mit mehr Ressourcen ausgestattet sein.

Gottes Wahrheit
wirklichen
dass Gerechtigkeit
wirksam
werde

„Seid barmherzig, wie auch euer Vater barmherzig ist!" (Lk 6,36)

Entwicklung und Etablierung bzw. Neuauflage eines Leitfadens zur Fehlerkultur in den Arbeitsbereichen. Hierzu könnte in einer Arbeitsgruppe ein entsprechender Leitfaden neu ausgearbeitet werden, aus dem Maßnahmen und Zielsetzungen hervorgehen.

Etablierung eines Konfliktmanagements, das schnell, unkompliziert und flexibel von allen Mitarbeitenden eingeschaltet werden kann und das in Anlehnung an Mediation arbeitet.

Etablierung regelmäßiger Schulungen zur Kommunikation im Hinblick auf Gewaltfreie Kommunikation. Bewusstsein schaffen, dass Sprache eine gewaltige (Verletzungs-)Kraft hat und die Verletzung äußerlich unsichtbar bleibt. Menschen – auch in Führungspositionen – zu befähigen und den geeigneten Raum dafür schaffen, Verletzungen zu äußern bzw. als Verletzender um Verzeihung zu bitten.

Bei der Entschädigung von Opfern müssen die Opfer einbezogen werden: „Was kann ich für dich tun?" (MK 10), fragt Jesus. Kein Sprechen und Mutmaßen über sie, sondern in jedem Einzelfall ein Sprechen mit ihnen auf Augenhöhe.

Und:
Der Bischof sollte zukünftig auf die Bearbeitung anonymer Denunziationen verzichten. Etablierung eines Beschwerdemanagements, das aber subsidiär konstruiert werden muss. Das heißt z. B.: Ein Beschwerdeführer aus einer Gemeinde muss seine Beschwerde – in erster Instanz – ausschließlich an das Pastoralteam in dieser Gemeinde richten. Erst wenn auf dieser Ebene eine Klärung oder Schlichtung nicht erfolgreich ist, geht die Beschwerde in eine nächste Instanz.

5. Nachhaltig handeln

Das Thema „Nachhaltig handeln" wird eigens in den Fokus genommen (s. Kapitel 20, Susanne Breyer, Anpacken und Mitmachen). Die Richtung geht hin zu mehr Schöpfungsverantwortung auf allen Handlungsebenen (im schonenden Umgang mit Gütern, Energien und Ressourcen in allen Feldern der Pastoral), zudem aber auch im geistlichen Sinne der Glaubensweitergabe, Glaubenskommunikation und Katechese als geistliche Haltung durch Schulungen und Fortbildungen für alle Berufe der Kirche und freiwillig Engagierte.

Integrale Füllung
des göttlichen Zuvor

wahrhaftig, und gerecht im Erbarmen
statt einer Reduktion auf Kultreligion

6. Verantwortung teilen

In Kooperation mit konkreten Seelsorgeebenen soll ein Modell
entwickelt werden mit dem Ziel der Nachahmung im ganzen
Bistum, wie ein Werkzeug der gemeinsamen Leitung durch
Menschen in Berufen der Kirche und freiwillig Engagierten
wirksam werden kann. Ziel ist ein Modell von kooperativer
Leitung in multiprofessionellen und lebensvielfältigen Teams,
das über zwei Jahre konkret durchgeführt, begleitet und eva-
luiert wird.

realistisch
messianisch

Verantwortung teilen im Arbeitsbereich der Pastoral. Jeder*m
aber wird die Offenbarung des Geistes geschenkt, damit sie anderen nützt. Damit Verantwortung geteilt werden kann, müssen zwei Bewegungen entstehen, die das notwendige Vertrauen
(„viel geht, wenn Vertrauen geht") ermöglichen:

1. Die Entwicklung einer Grundhaltung, die auf allen Ebenen
   miteinander ausgehandelt und dann mitgetragen wird.
   a. Grundlage oder Eingangsvoraussetzung ist: verbindliche
      Standards, in denen z. B. der Bischof, aber ggf. auch an-
      dere Leitungspositionen ihre Macht selbst beschränken
      und sich an Mehrheitsentscheidungen binden.
   b. Grundrechte, die für jede*n Einzelne*n gelten: Recht auf
      Teilhabe, Recht auf Individualität, Recht auf Selbstbe-
      stimmung. Diese Rechte sind transparent einzuhalten,
      alle sind eingeladen, sie für sich in Anspruch zu nehmen.

2. Strukturen, Tools, Projekte sind einzurichten, die versuchen, mit dieser Grundhaltung das Gemeinsame zu gestalten.
   c. Demokratische Beteiligungsinstrumente:
      i. Satzungen und Geschäftsordnungen einführen, bzw. stärken. Z. B. im PGR, in der MAV, etc.
      ii. Z. B. Gemeindekonferenzen mit Rechenschaftsbericht, Antragswesen, Wahlen; Betriebsversammlungen im Arbeitsbereich
   d. Weitgehende Subsidiarität und Autonomie, vielfältiger Föderalismus als Prinzip:
      i. Klare Leitungsstruktur mit echter Entscheidungsgewalt in den neuen Gemeinden durch die Teams von Verantwortlichen. Z. B. in der Personalverantwortung: Hauptamtliches pastorales Personal bewirbt sich vor Ort. Vorbild Jugendverband: Hier wird die Geistliche Leitung im Vorfeld durch das Bistum als Kandidat*in zur Verfügung gestellt, bewirbt sich aber bei den Jugendverbandler*innen vor Ort und wird von den Delegierten der Mitgliederversammlung gewählt. Dieses Modell ließe sich auch auf Gemeinden übertragen.
      ii. Eigene Ressourcen, die sich am pastoralen Bedarf ausrichten
   e. Methodische Aus- und Weiterbildung
      i. Agile Arbeitsmethoden, um Teamarbeit zu ermöglichen
      ii. „Führen ohne Weisungsbefugnis"
      iii. Gewaltfreie Kommunikation
      iv. Kreative Formen der Partizipation
      v. Geschlechtergerechtigkeit als besonderes Lern- und Handlungsfeld in der katholischen Kirche, paritätische Leitungen, Rederechte

7. Spaß an der Freud

„Die Freude,
sich als Teil
des heiligen und geduldigen
Volkes Gottes zu sehen.“
Papst Franziskus

Fortbildung von Menschen in Leitungsverantwortung zum Thema: „Mit Lust gut und gerne in Kirche leben, arbeiten, wirken, feiern. Eine Herausforderung für Leitungskompetenz in kirchlichen Einrichtungen, Teams, Gremien, Verbänden.“ Erarbeitung eines Curriculums hierzu durch Kooperation mit den Bereichen von Aus- und Weiterbildung im Bistum.

„Ich bin gekommen, damit sie das Leben haben, und es in Fülle haben.“ (Joh 10,10)

Gemeinsame Eucharistiefeiern haben bereits zeitlichen Raum, die einzelnen Mitarbeitenden in der Gesamtheit des Hauses haben jedoch keinen Raum, sich auch inhaltlich mit ihren spirituellen Gedanken einzubringen.

Mehr ist mehr: Jetzt Ressourcen und Energie freisetzen, weit denken und weit handeln, großzügig sein!

Zum Schluss, der ein Anfang sein soll:

Die sieben Grundwerte
1. Gott vertrauen
2. Menschen hören
3. Neues Denken
4. Barmherzig sein
5. Nachhaltig handeln
6. Verantwortung teilen
7. Spaß an der Freud
werden breit öffentlich gemacht im Rahmen der Öffentlichkeitsarbeit des Bistums.

Allen Einrichtungen, Gremien, Pfarreien und Gemeinden wird dies ebenso empfohlen für ihre jeweiligen Auftritte im Internet, für Schaukästen und Briefköpfe.

So wie der Himmel ohne das Lachen der Weinenden nicht Himmel wäre, und deshalb der „Spaß an der Freud" in der pastoralen Arbeit als antizipierte Leichtigkeit des Seins am Ostermorgen aufscheint, so ist die konkrete irdische Kirche ohne aktive Verletzungen ihrer Mitglieder an Leib und Seele nahezu illusionär. Dieser Realismus ist aber gerade für eine Kirche nicht hinnehmbar! Wenn diese wegen des Evangeliums und für die Menschen bestehende Kirche selbst immer wieder und, weil es systemisch geschieht, erbarmungslos Menschen verletzt, muss sie – wie sie das lehrt – bereuen, bekennen und umkehren. Das ist keine Verurteilung. Sondern eine Riesenchance! Für die Gnade.

Peter Otten

Zweihundertzweiunddreißig

6

Es fällt mir unglaublich schwer, diesen Text zu schreiben. Nicht weil ich nicht gerne schreibe. Das Schreiben ist meine Kraftquelle. Texten können, wann und wo auch immer – reine Freude. Dahin geworfene Gedanken zu einer Geschichte verdichten – großes Glück. Doch vor diesem Text habe ich mich lange gedrückt. Wobei: Das stimmt nicht ganz. Ich habe schlicht keinen Einstieg gefunden. Es war, als tastete ich mich mit beiden Händen an einer Mauer entlang. Stunde um Stunde befühlte ich Ziegel und rauen Putz. Doch keine Tür, nirgends.

Vielleicht habe ich den Einstieg nicht gefunden, weil ich es leid bin, immer wieder das Selbstverständliche zu sagen. Weil ich müde bin, immer wieder das begründen zu müssen, was doch auf der Hand liegt. Weil alles, was gesagt werden muss, schon gesagt ist. Vielfach. Tausendfach. Endlosfach.

Ich will es erklären.

Im März 2019 haben die Mitglieder der Arbeitsgruppe „(Geistlicher) Kulturwandel, Vertrauensarbeit" im Rahmen des Projekts „Pastoraler Zukunftsweg" im Erzbistum Köln beim Tag aller pastoralen Dienste ihre Zelte aufgeschlagen. Ich war Mitglied dieser Gruppe. Und in unseren Diskussionen haben wir immer wieder einen Punkt umkreist: Was machen wir mit all den Verletzungen? Den Demütigungen und Diskriminierungen? Mit all den Erfahrungen von Geringschätzung und Missachtung? Von Machtmissbrauch, struktureller Unterlegenheit, Ausgeschlossenwerden und schnödem Ignorieren? Was passiert mit den Erfahrungen von offenem oder subtilem Druck? Kurzum: Was geschieht mit all den unverbundenen, längst nicht geheilten, eiternden oder schlecht vernarbten Wunden, die Menschen in und mit der Kirche hier im Erzbistum Köln erlitten haben?

Beim Tag aller pastoralen Dienste wollten wir den anwesenden Mitarbeitenden, ehren- wie hauptamtliche, einen Raum geben, um ihre Verletzungen vielleicht zum ersten Mal in der Öffentlichkeit zu benennen. Dazu trafen wir uns in der Kapelle des Priesterseminars in Köln. Die anwesenden Kolleginnen und Kollegen bekamen dort die Gelegenheit, ihre Verletzungsgeschichten wenigstens in Stichworten auf einen Zettel zu schreiben und dann auf die Wand in der Apsis zu kleben. Einige Zettel wurden stellvertretend vorgelesen. Am Ende zählten wir 232.

232 Geschichten von 232 Menschen.

Es war ein unwirkliches, eigenartiges Papiermosaik, was da in der Kirche auf den Ziegeln klebte. Und manchmal löste sich einer der Zettel und segelte sachte und lautlos auf den Boden. Ein Bild, das an diesem Vormittag irgendwie für sich sprach. 232 stille Zettel, auf denen meist nur ein paar Stichworte gekritzelt waren. Ein stummes Geschrei.

Wir haben die Zettel später in der Arbeitsgruppe sortiert. Wir fanden einerseits erwartbare Rubriken für die beschriebenen Verletzungen wie „Umgang mit Sexualmoral", „Mangelndes Vertrauen / Angst", „Klerikalismus", „Machtmissbrauch" und auch „Umgang mit Frauen", – die Rubrik mit den meisten Verletzungsgeschichten. Aber wir sortierten auch Zettel in Rubriken ein, die wir „Fehlende Aufmerksamkeit für Menschen" nannten und „Verletzungen in den Gemeinden". Am erstaunlichsten war vielleicht die Rubrik „Mangelnde Umgangsformen". Jemand schrieb: „Warum, lieber Gott, bin ich so miesen Machenschaften und gemeinen Kollegen im Team ausgeliefert? Meine Kräfte schwinden." Eine andere Person: „Ich klage über die tägliche Lieblosigkeit miteinander."

„Als Frau, die Frauen liebt, verletzen mich unzählige Aussagen ‚der Kirche‘ zur Homosexualität", stand auf einem Zettel. Ich habe diesen Satz wieder und wieder gelesen. Wie zerrissen muss jemand sein, der einen wesentlichen Teil seiner Identität nicht leben kann? Und nicht nur das: Der sich im dienstlichen Kontext gezwungen sieht, diesen Teil seiner Identität zu leugnen. Ist es inzwischen egal, wenn diese Mitarbeitenden krank werden, resignieren oder kündigen? Und was sagt das über den Dienstgeber aus? Über die Kirche? Deren Kernbotschaft doch lautet, dass ein Mensch ohne jede Bedingung und Vorleistung von Gott angenommen ist? Oder ist das nur Gerede?

Noch ein Zettel, noch ein Mensch: „Überzeugung vieler Menschen: Kirche als ‚Verein des Bösen‘". Was er oder sie wohl genau damit meint, frage ich mich jetzt beim Wiederlesen. Was sind das wohl für Menschen, die das dem Schreiber, der Schreiberin sagen? Und was macht das mit dem Menschen, wenn ihm mitgeteilt wird, er arbeite für und in einem Verein, der für Bösartigkeit steht? Und damit im krassen Gegensatz zu dem, was die Kirche sonst immer raushängt: die frohe Botschaft? Was entgegnet er dann? Und was machen wieder andere, die diesen eigentlich total krassen Satz lesen? Sind sie berührt? Betreten? Schämen sie sich? Oder ist das eigentlich total Krasse doch schon wieder langweilige Normalität?

„In Kirche wird über Mitarbeit gesprochen, aber wenig spirituelle Nahrung gegeben", steht auf einem Zettel. Auf einem anderen: „Mein Schmerz: Vielen in der Kirche geht es nicht um Christus." Eine Bankrotterklärung, finde ich. Etwa so, als sage jemand, dem Naturschutzbund gehe es nicht um die Natur. „Sooo viel Angst", schrieb eine*r. Mit drei o. Auch zum Komplex „sexueller Missbrauch" schrieben einige. „Mein Bruder wird von unserem Jugend-Pater missbraucht." Und: „Sexueller Missbrauch in der Familie eines Kollegen – Priester hat Vertrauen ausgenutzt."

Was ist das, was mich beim Schreiben blockiert? Es ist zum einen der Umstand, dass diese 232 Geschichten ja damals, vor zwei Jahren, nun wirklich nicht völlig neu und überraschend waren. Sie gibt es in unzähligen Varianten schon lange. Und sie sind ja auch schon erzählt worden, viele Male, im privaten Kontext, gegenüber Freundinnen, Freunden, vertrauten Personen, Supervisorinnen und Beratern, Partnerinnen und Partnern, Therapeutinnen und Therapeuten. In Briefen und Tagebüchern sind sie aufgeschrieben worden. Wie viele Stifte, Kugelschreiber und Füller sind mit diesen Geschichten leergeschrieben worden? Wie viele Stimmbänder wurden beim Sprechen heiser? Wie viele Kalorien wurden verbrannt? Wie viele Nerven angespannt? Wie viele Taschentücher vollgeheult? Nächte durchgequatscht? Und dann hängen sie eilig hingeschrieben auf kleinen Klebezetteln in der Apsis, in die von oben Licht hereinfällt, segeln lautlos nach unten. Ich erinnere mich, wie wir aus der Gruppe nach vorn geeilt sind, die Zettel aufhoben und sorgfältig wieder anklebten, während zur gleichen Zeit an einer anderen Stelle sich wieder einer löste. Als wollten wir mit einer vergeblichen Geste das fallende, erschöpfte Laub wieder an die herbstbereiten Zweige eines Baumes heften. All diese Zettel. Eilig vollgeschrieben. Manche

Worte – so voller Hast geschrieben, dass es schwerfällt, sie zu entziffern.

Es braucht mitunter nur acht Worte für das Drama eines Arbeitslebens: „Du darfst nicht sein, der Du wirklich bist!" Auf einem anderen Zettel steckt in zwei Sätzen der Keim eines ganzen Romans: „Sie können privat machen, was Sie wollen. Sobald wir offiziell etwas erfahren, werden wir ermitteln." Tatsächlich „ermitteln", hat der Vorgesetzte gesagt. Als wäre er Kommissar Freddy Schenk. Und weiter steht auf dem Zettel: „Ich will nicht machen, was ich will, sondern mit der Frau zusammenleben, die ich liebe." Diesen Zettel habe ich geschrieben und an die Apsis geklebt. Es ist der Teaser der Geschichte von meiner Frau und mir. Ich habe jahrelang heimlich mit ihr zusammengelebt, bis wir acht Jahre und einen demütigenden Annullierungsprozess später, dem sich meine Frau unterzogen hatte, heiraten konnten. Es ist unsere Verletzungsgeschichte.

232 Zettel von 232 Menschen. Solche:

„Sorgsames Zuhören fehlt – die Antworten sind schon klar."

„Die Unfähigkeit der Christen, die vergiftete Kirchenstruktur vom Grunde her aufzuarbeiten."

„Genaue Beobachtung (Stalking) des Pfarrers." Stalking. Im Ernst. „Stalking bezeichnet wiederholtes widerrechtliches Verfolgen, Nachstellen, penetrantes Belästigen, Bedrohen und Terrorisieren einer Person gegen deren Willen bis hin zu körperlicher und psychischer Gewalt", schreibt die Polizei.

„Viele Menschen in der Kirche sind überfordert, fühlen sich allein und allein gelassen, driften in Süchte ab." Was denkt ein Mensch, was fühlt er, wenn er niemals – niemals! – die Frage hört: Wie geht es dir?

„Klage von Mitchristen: Predigten am Sonntag sind oft zu wenig ansprechend, blutleere Nacherzählungen des Evangeliums."

„Wir versetzen Sie nicht. Sie müssen einfach mehr kämpfen!" Einfach. Mehr. Kämpfen. Ich klicke mit dem An- und Ausschalter der Schreibtischlampe den Rhythmus. Einfach. Mehr. Kämpfen. Einfach. Mehr. Kämpfen. Klackklack klack klackklack.

„Versprechen der Personalabteilung werden nicht eingehalten. Niemand entschuldigt sich dafür. Gleichzeitig setzt die Personalabteilung unter Druck."

„Ich habe kein Sabbatjahr bekommen. Es wäre so wichtig gewesen." Ich nehme diesen Satz mit, als ich in die Küche gehe, um mir einen Kaffee zu machen. Es wäre so wichtig gewesen. Wie traurig dieser Satz klingt. Wäre. Gewesen. Tja.

Jemand schreibt, er habe ein psychisch krankes Kind. Es sei in Behandlung aufgrund der gegen seinen Willen erfolgten Versetzung.

„Ehe ein leitender Pastor geht, wird das ganze Team versetzt. Egal wie unfähig der leitende Pastor ist. Er ist immer im Recht."

„Nicht die Qualifikation zählt, sondern das Amt."

„Mein Bedauern: Meine Interessen und Begabungen werden von der Bistumsleitung kaum wahrgenommen." Neulich sagte mir eine Frau, die im Bewerbungsverfahren als Seelsorgerin in einem deutschen Bistum steckt, eine der ersten Fragen in ihrem Bewerbungsgespräch sei gewesen: „Was machen Sie eigentlich falsch?" Gewünscht habe sie sich nach einem komplizierten berufsbegleitenden Studium, einem Praktikum in der Pandemie, einem stressigen Job im Gesundheitswesen und einer Handvoll Kindern im Home-schooling etwas anderes. „Woher nehmen Sie eigentlich Ihre Kraft, neben all dem noch in der Kirche zu arbeiten?", zum Beispiel.

„Für die Alltagspastoral brauchen Sie doch nicht so viel Kompetenz!" Sicherlich.

„Da ich nicht geweiht bin, bin ich ja kein Hirte, sondern ein bezahlter Knecht."

„Ich habe fünf Jahre studiert. Ich werde aber lediglich als Nothilfe betrachtet."

„Die Jungs, die mit mir studiert haben, zelebrieren in den schönsten Kathedralen, wir werden nicht gesehen und bedacht."

„Ich bin verletzt, weil ich eine Frau bin und wegen meines Geschlechts unterdrückt werde."

„Als Frau werde ich im Hochgebet nie genannt."

„Ich klage dich an Gott, ich werde verhöhnt, niedergemacht, + mir + meiner Familie wird der Boden unter den Füßen weggezogen. Wo ist deine Hilfe?"

„Finanzielle Ausbeutung."

Wir kommen nicht weiter, wenn wir diese Verletzungsgeschichten vor allem im privaten Kontext, gegenüber Freundinnen, Freunden, vertrauten Personen … erzählen. Wir müssen sie denen erzählen, die sie angehen, weil sie ja ein Teil des Problems oder Auslöser und Ursache von Verletzungen sind.

Und die, die ein Teil des Problems sind – Dienstvorgesetzte und Personalverantwortliche, Priester, Bischöfe: sie sollten zuhören. Und das geht nur, wenn sie nicht selbst die Regeln und Bedingungen bestimmen. Wenn ihre Strategie des Ignorierens, Vertröstens und Auf-die-lange-Bank-Schiebens nicht mehr funktioniert. Wie viele Zettel müssen noch geschrieben, wie viele Pinnwände noch bepinnt, wie viele Karten noch geclustert, wie viel Frust noch in der Supervision ausgekippt werden? Wir können das immer so weitertreiben. Natürlich. Wir können auch niemanden zum Zuhören zwingen. Auch korrekt. Aber dann müssen wir ihnen sagen: Dann seid ihr die mit der bösen Botschaft. Dann seid ihr nicht die, die die Gefangenen frei machen. Ihr seid dann Teil des Problems. Ihr seid das Problem.

Und wir? Wir ehrenamtlich Engagierten und hauptamtlich Mitarbeitenden müssen das Heft des Handelns in die Hand nehmen.

Vor ein paar Wochen stolperte ich in der Vorbereitung für einen Gottesdienst über diesen Satz: „Während sie noch darüber redeten, trat er selbst in ihre Mitte und sagte zu ihnen: Friede sei mit euch!" (Lk 24,36). Während sie noch darüber *redeten*, steht da. Während sie noch darüber redeten, trat Jesus in ihre Mitte. Sie reden – und augenblicklich ist Jesus da. Nicht irgendwo, sondern mittendrin. Sie, das sind die Jüngerinnen und Jünger, die vor lauter Angst in Jerusalem zusammenhocken, sich die Angst von der Seele erzählen. Die einen erzählen von dem rätselhaften Spaziergang nach Emmaus. Die anderen erörtern die Möglichkeit, ob die ersteren halluzinieren oder ob sie Jesus vielleicht tatsächlich gesehen haben. Alle jedenfalls haben etwas gemeinsam: sie tragen ihre je eigene Geschichte von Verletzung und Kränkung mit sich herum. Der, von dem sie glaubten, dass er Gottes Gegenwart in besonderer Dichte verkörpert, er wurde ermordet. Viel ist ihnen also nicht geblieben. Zurück bleibt ein toxisches Gemisch von Angst, Wut und dem Gefühl, aufs falsche Pferd gesetzt zu haben. Im Stich gelassen worden zu sein.

Doch: „Während sie noch darüber *redeten*, trat er selbst in ihre Mitte." Dieser Satz sprach zu mir. Wir sind eine Erzählreligion, sprach der Satz. Das bedeutet: Im Erzählen beginnt die Erlösung. Im Erzählen offenbart sich Jesus, den wir den *Heil*and nennen. Erlösende, heilende Begegnung im Modus des Erzählens.

Und wir, wir sind die Jüngerinnen und Jünger, die in Köln, Wissen, Wuppertal, Ratingen, Bonn und Neuss wie hinter verschlossenen Türen sitzen, Zettel vollschreiben, im privaten Kontext wieder und wieder unsere Verletzungen aufzählen, auf Verständnis hoffen, Freundinnen, Freunde, vertraute Personen volltexten, Supervisorinnen und Berater, Therapeutinnen und Therapeuten beschäftigen, und nicht selten der Partnerin oder dem Partner damit auf die Nerven gehen, die Beziehung riskieren. Und keine Erlösung, nirgends. „Ich bin sprachlos für meine Verletzungen geworden, weil es keinen Ort gibt, wo ich sie aussprechen kann", hat jemand geschrieben. Sprachlosigkeit dürfen wir uns nicht länger leisten. Diesen Ort muss es endlich geben. Einen Ort, an dem diejenigen, die Teil und Ursache der Verletzungsgeschichten sind, nicht mehr weghören können. Wir dürfen uns das nicht länger leisten, weil sonst keine Erlösung ist.

Wie kann das geschehen? Da gibt es mehrere Möglichkeiten. Die Verletzten bestimmen die Regeln, das ist wichtig. Manche brauchen vielleicht einen letzten Impuls, um ihre Geschichte aufzuschreiben. In einem Blog, einem Buch, einer Zeitung. Viele waren beeindruckt von einem Gespräch, das Doris Reisinger, eine missbrauchte ehemalige Nonne, und der Wiener Kardinal Schönborn in einem Fernsehstudio geführt haben. Andere Rahmen sind denkbar. Meine Frau und ich haben unsere Verletzungsgeschichte beispielsweise einer Journalistin erzählt. Mein Impuls war einzig und allein, der Institution, die vor allem meine Frau so sehr verletzt hatte, die Macht aus der Hand zu nehmen. Die Macht des Den-Mund-Verbietens, der Versuche, uns subtil oder geradeheraus zum Schweigen zu verpflichten, was uns zunächst in Ohnmacht versetzte. Die Verletzungsgeschichte eines anderen nicht zu hören, im Gegenteil: den Eindruck zu erwecken, das Problem sei eben der oder die andere selbst, das ist schwer übergriffig. Kann krank machen und lähmen. Selbstzweifel auslösen und verstärken. Das Selbstbewusstsein zerbröseln. Dem anderen nicht zuhören, heißt, subtil eine Macht auszuüben, die zerstört.

Als meine Frau und ich unsere Geschichte erzählten, da haben wir gespürt, was mit diesem Satz gemeint ist: „Während sie noch darüber redeten, trat er selbst in ihre Mitte." Das Böse hatte keine Macht mehr. Ein ehrlicher Kulturwandel, der zum Ziel hat, dass in der Kirche die erlösende Kraft des Reiches Gottes sichtbar wird, die der Angst und dem Bösen die Spitze nimmt – der braucht die Haltung dieses Erzählens auf der einen und des vorbehaltlosen Zuhörens auf der anderen Seite. Sonst wird das nichts. Vielleicht ist jetzt klar, warum ich es leid bin, immer wieder das zu sagen, was doch eigentlich selbstverständlich ist. Denn so lange da einige taub sind, hören sie auch keine Wahrheit, die frei macht. Sie bleiben Gefangene. Und wir, wenn wir nicht erzählen und nicht gehört werden, auch.

Das Korrektiv für das notwendige Umkehrprogramm der Kirche steckt, gewissermaßen wartend, in ihrer Botschaft: das Evangelium. Daran misst die Kirche, daran muss sie sich messen lassen. Das ist für sie natürlich eine frohe Botschaft! So wie das Evangelium auch außerhalb der Kirche inspiriert – zu Menschenrechten, Freiheitsrechten, sozialer Marktwirtschaft … –, so kann sich die Kirche in ihrer Umkehr zum Evangelium von außen inspirieren lassen. „Umkehr" meint für sie akut, unverzichtbar und praktisch: weg von sexualisiertem und spirituellem Missbrauch sowie Machtmissbrauch hin zu einem evangeliumsgemäßen Miteinander aller. Eine Riesenherausforderung! Kleiner geht's leider nicht. Zu beschreiten ist ein „Weg, der insgesamt zu gehen ist und auf dem sich die Lebenshaltungen der Betroffenen verändern können" (Domek). So einen Weg aus ihrer Not sind doch bereits anderswo Menschen gegangen; sie können uns aus unserem Schlamassel heraus geschwisterliche Wegweiser sein.

7

Johanna Domek OSB
Ein Programm zur Umkehr

„Die Zeit ist da, das Reich Gottes ist nahe. Kehrt um und glaubt an das Evangelium!" So beginnt beim Evangelisten Markus Jesus seine Predigt (Mk 1,15). Umkehr meint, mit allem, was ich bin, zu kommen, nichts auszulassen, aber die Richtung zu ändern, in die ich damit gehe. Umkehr scheint, im Blick auf die Skandale um Machtmissbrauch, spiritualisierten Missbrauch sowie sexuellen Missbrauch und sexuelle Gewalt in der katholischen Kirche, auch den Umgang damit, notwendig zu sein. Es gibt ein bewährtes Umkehrprogramm aus einem anderen Zusammenhang. Das scheint mir geeignet, den Diskurs und die Praxis der Kirche im abgrundtiefen Missbrauchsgeschehen gründlich zu verändern. Zwar wird in der Kirche viel geredet, viel thematisiert, Transparenz und Aufarbeitung beteuert, auch wirklich angestrebt, aber in den zwölf Jahren seit dem ersten vulkanartigen Skandalausbruch am Canisius Kolleg in Berlin, dem weitere Explosionen anderswo und breit zerstörerische Lavaströme folgten, ist die Wucht des Ausbruchs nicht gebannt und die kirchliche Landschaft um den Vulkan nicht bereinigt. Das Umkehrmodell kommt nicht direkt aus der Kirche – vielleicht ist gerade das gut so. Ich habe es im 12-Schritte-Programm der Anonymen Alkoholiker (AA) gefunden. Darin geht es um eine Erneuerung aus der Tiefe der Wirklichkeit, ein Neuwerden vom Tiefpunkt her.

In der Kirche gibt es Foren, Gespräche, Tagungen, die sich dem Thema stellen, auch bischöflich und päpstlich neuaufgestellte Normen. Aber es geht doch um einen Weg, der insgesamt zu gehen ist und auf dem sich die Lebenshaltungen der Betroffenen verändern können. Unter Betroffenen verstehe ich hier: die Opfer, die Täter, die Verberger und alle, die davon zutiefst erschüttert sind und so nicht mehr weiterkönnen. Dabei habe ich mich bemüht, die Schlichtheit, ja Kargheit der Sprache der 12 Schritte, wie die AA sie kennen, beizubehalten. Zunächst aber etwas zu deren Herkunft.

Herkunft der 12 Schritte

Gegründet wurden die Anonymen Alkoholiker von den beiden Amerikanern Dr. Bob Holbrook Smith, 1879–1950, und Bill Wilson 1895–1971 (vgl. Johanna Domek, Das Leben wieder spüren. 12 Schritte aus der Abhängigkeit. 2. Auflage 2006, S.30ff.). Dr. Bob, wie er genannt wurde, war Arzt in Akron, Ohio. Im Jahr 1935 quälte er sich bereits seit Jahrzehnten mit seinem Alkoholproblem, ohne einen Ausweg zu finden. Bill arbeitete damals als Inspekteur im Finanzbereich. Seine exzessive Trunksucht hatte ihn in jeder Hinsicht an den Rand des Ruins gebracht. Während eines Krankenhausaufenthaltes machte er in tiefster Verzweiflung eine überwältigende spirituelle Erfahrung.

Die beiden Alkoholkranken fanden durch Austausch und Teilen ihrer Erfahrungen zu anhaltender Nüchternheit. Sie entdeckten gemeinsam den – in dieser Weise damals ganz neuen – Weg der Selbsthilfe und des Dienstes aneinander, in einer Gottverbundenheit und einem Gottvertrauen, das konkret am wirklichen und unausweichlichen Tiefpunkt ihres Lebens ansetzte.

Spiritueller Nährboden war für beide die sogenannte Oxford-Gruppe, eine 1921 entstandene evangelische Erneuerungsbewegung, deren Ziel es war, das Urchristentum in der modernen Welt neu lebendig werden zu lassen. Gründer und unbestrittener Führer dieser Gruppe war ein lutherischer Geistlicher aus Pennsylvania, Frank Buchman. Der Kern des

Programms waren die „Vier Vollkommenheiten" (vgl. Dr. Bob und die guten Oldtimer. Eine Biographie mit Erinnerungen der ersten AA im Mittelwesten. Herausgeber und Copyright: Anonyme Alkoholiker deutscher Sprache 1992, S. 58–59): vollkommene Ehrlichkeit, vollkommene Selbstlosigkeit, vollkommene Reinheit und vollkommene Liebe. Ab 1939 nennt Buchmann seine Bewegung *Moral Rearmament*, „Moralische Wiederaufrüstung".

In einer von den AA herausgegebenen Broschüre findet sich die letzte Rede von Dr. Bob aus dem Jahr 1948. Darin heißt es über diese Anfangszeit: „Zu diesem Zeitpunkt waren unsere Geschichten nicht erzählenswert ..., wir hatten auch noch keine 12 Schritte. Aber wir waren davon überzeugt, dass die Antwort auf unsere Probleme in der Bibel lag. Einige von uns Älteren empfanden die Bergpredigt, das 13. Kapitel des 1. Korintherbriefs und den Brief des Jakobus als besonders wesentliche Teile. Wir hielten damals täglich Meetings im Hause eines Freundes. All das geschah zu einer Zeit, als jeder arm war, furchtbar arm. Wahrscheinlich war es viel leichter für uns,

im Zustand der Armut erfolgreich zu sein. ... Erst im Jahr 1938 kristallisierten sich die sich ständig entwickelnden Lehren und Bestrebungen und sorgfältigen Beobachtungen in Form der 12 Schritte heraus ..." (Bill und Bob. Lebensdaten und Letzte Reden. Herausgeber und Copyright: Anonyme Alkoholiker deutscher Sprache. 7. Auflage 1996, S. 16–17). Bill Wilson war dabei federführend.

Zwischen 1937 und 1939 löste sich die Bewegung der Anonymen Alkoholiker immer mehr von der Oxford-Gruppe und fand durch viel Mühsal zu ihrem ganz eigenen Profil. Mit amerikanischen Soldaten ist das AA-Programm nach dem Zweiten Weltkrieg nach Deutschland gekommen. Die Schritte sind in viel und oft erschütternder Lebenswirklichkeit erprobt und haben sich segensreich bewährt.

Die zwölf Schritte der AA

Zitiert werden hier die einzelnen zwölf Schritte aus dem Programm der AA, dann werden sie in einer sprachlichen Übersetzung jeweils direkt ausgerichtet auf die Situation der katholischen Kirche in den Skandalen um Machtmissbrauch, spirituellen Missbrauch sowie sexuelle Gewalt, auch dem Umgang damit.

„1. Schritt:
Wir gaben zu, dass wir dem Alkohol gegenüber machtlos sind –
und unser Leben nicht mehr meistern konnten. "
Der erste Schritt der Kirche:
Wir geben zu, dass uns das, was da mitten unter uns in der Kirche geschehen ist und geschieht, innerlich erschlägt und fassungslos macht und wir mit und in unserer Ohnmacht damit oft nicht umgehen und gut weitergehen können.

„2. Schritt:
Wir kamen zu dem Glauben, dass eine Macht, größer als wir
selbst, uns unsere geistige Gesundheit wiedergeben kann."
Der zweite Schritt der Kirche:
Wir sind zu dem Glauben gekommen, dass Gott, der größer ist
als jedes Menschenherz, uns durch diese Zeit des durch Schuld
vielfach gebrochenen Vertrauens hindurchführen kann, wir
miteinander empathischer und heiler weitergehen können,
wenn wir uns ehrlich auf unsere Wirklichkeit einlassen.

„3. Schritt:
Wir fassten den Entschluss, unsern Willen und unser Leben der
Sorge Gottes – wie wir ihn verstanden – anzuvertrauen."
Der dritte Schritt der Kirche:
Wir fassen den Entschluss, uns selbst und diese ganze Wirk-
lichkeit der Sorge des lebendigen Gottes anzuvertrauen, der
uns alle durch Jesus, seinen Sohn, Wege über die Sünde hinaus
in die Erlösung zeigen und führen will.

„4. Schritt:
Wir machten eine gründliche und furchtlose Inventur in unserm
Innern."
Der vierte Schritt der Kirche:
Wir machen eine gründliche und furchtlose Inventur in uns selbst
und wollen ehrlich erkennen, was da in uns und um uns geschieht,
dass solcher Missbrauch geschehen und verdeckt bleiben konnte,
um so vor uns selbst, Gott und all den Opfern stehen zu können.

„5. Schritt:
Wir gaben Gott, uns selbst und einem andern Menschen gegen-
über unverhüllt unsere Fehler zu."
Der fünfte Schritt der Kirche:
Wir geben Gott, uns selbst und andern Menschen gegenüber
die Fehler zu, die wir sehen, bei uns selbst, in unseren Gruppen,

in der Kirche und in ihren Strukturen, ohne sie abzuschwächen oder aufzubauschen.

„6. Schritt:
Wir waren völlig bereit, all diese Charakterfehler von Gott beseitigen zu lassen."
Der sechste Schritt der Kirche:
Wir sind bereit, uns von diesen Fehlern mit Gottes Hilfe befreien zu lassen – grundsätzlich und auch konkret.

„7. Schritt:
Demütig baten wir ihn, unsere Mängel von uns zu nehmen."
Der siebte Schritt der Kirche:
Wir bitten Gott für uns selbst und uns alle in einer aufrichtigen Haltung der Demut, die um immer wieder vorkommendes eigenes Verschulden und Unterlassen weiß, darum, uns an inneren und äußeren Wirklichkeiten alles zu nehmen, was uns da hindert und blockiert und schadet.

„8. Schritt:
Wir machten eine Liste aller Personen, denen wir Schaden zugefügt hatten, und wurden willig, ihn bei allen wiedergutzumachen."
Der achte Schritt der Kirche:
Wir schauen auf die Menschen, die Missbrauch erlitten haben, nehmen sie wahr, hören ihnen zu, glauben ihnen ihre Not und ihr Leid, und sind willens, das auszudrücken und ihnen zu helfen, dass sie leben können.

„9. Schritt:
Wir machten bei diesen Menschen alles wieder gut – wo immer es möglich war, es sei denn, wir hätten dadurch sie oder andere verletzt."

Der neunte Schritt der Kirche:
Respektvoll unterstützen wir die Schritte, die sie gehen, um
mit dem Erlittenen und dem Schaden, den sie davongetragen
haben, besser zurechtzukommen.

„10. Schritt:
Wir setzten die Inventur bei uns fort, und wenn wir Unrecht hat-
ten, gaben wir es sofort zu."
Der zehnte Schritt der Kirche:
Was geschehen ist, hat uns neu wachgerüttelt. Wir wollen
wach bleiben, die Inventur fortsetzen und wo wir Unrecht sehen, bei uns selbst und über uns hinaus, es ohne Aufschub ehrlich zugeben – immer wieder.

„11. Schritt:
Wir suchten durch Gebet und Besinnung die bewusste Verbindung
zu Gott – wie wir ihn verstanden – zu vertiefen. Wir baten ihn
nur, uns seinen Willen erkennbar werden zu lassen und uns die
Kraft zu geben, ihn auszuführen."
Der elfte Schritt der Kirche:
Wir bemühen uns um ein tief und ehrlich gottverbundenes Leben,
aus dem wir Tag für Tag alle dazu nötige Kraft schöpfen können.

„12. Schritt:
Nachdem wir durch diese Schritte ein seelisches Erwachen erlebt
hatten, versuchten wir, diese Botschaft an andere Alkoholiker wei-
terzugeben und unser tägliches Leben nach diesen Grundsätzen
auszurichten."
Der zwölfte Schritt der Kirche:
Wir geben die Erfahrung weiter, dass wir ein seelisches Erwachen und Bekehren erlebt haben und bezeugen, wie uns das
allmählich verändert hat, wie wir Tag für Tag damit anders als
früher leben, und versuchen andern dadurch Mut zu machen,
sich auch darauf einzulassen.

Konsequenzen

Nur wenn echte Veränderungen im Leben stattfinden, führt der Weg der zwölf Schritte bei den AA zum Erfolg. Sich nur mit Worten zu den Wegmarken zu bekennen, hilft nicht. Im Gegenteil: Der einzelne AA fällt Stufen zurück und erlebt die Folgen süchtigen Verhaltens umso schlimmer.

Der Kirche insgesamt wie einzelnen Tätern mit Missbrauchsverhalten und Vertuschern in der Hierarchie wird es nicht anders ergehen. Ohne echte und grundlegende Veränderungen werden die skandalösen Probleme wie bei einem im Untergrund weiterhin aktiven Vulkan immer wieder ausbrechen. Der vernichtende Lavastrom, der jeden Ausbruch begleitet, wird immer wieder auch blühendes kirchliches Leben abtöten.

So wie die AA bei sich das Problem Alkohol als zerstörerische Kraft identifizieren, benennen und bewältigen müssen, muss sich auch die Kirche ehrlich fragen nach dem, was sie im Inneren kaputt macht. Was den Geist tötet. Wenn ich auf das schaue, was am Anfang dieses Kapitels benannt wurde – Machtmissbrauch, spiritualisierter Missbrauch, sexueller Missbrauch –, dann fokussiert sich das Problem auf die Zuteilung von Macht: Macht über das Volk Gottes, Macht über Seelen, Macht über Körper.

Kardinal Reinhard Marx hat bei seinem erbetenen Rücktritt als Erzbischof von München und Freising gesagt, die Kirche befinde sich an einem „toten Punkt". Vielleicht ist der vergleichbar mit dem Tiefpunkt von Alkoholsuchtkranken. Dort angelangt, lernen AA in zwölf Schritten Umkehr und Abstinenz. Vom angemessenen Anteil an Macht ist schon im Evangelium die Rede: „Wer der Erste sein will, soll der Letzte von allen und der Diener aller sein. Und er stellte ein Kind in ihre Mitte ..." (Markusevangelium 9,35f). Ob der „tote Punkt" der Kirche zu einem Wende- und Auferstehungspunkt wird, ist wohl auch eine Frage der Umkehr – und der Abstinenz.

Noch einmal zitiert: ein „Weg, der insgesamt zu gehen ist und auf dem sich die Lebenshaltungen der Betroffenen verändern können" (Domek). Also alle gemeinsam, und sie ändern sich. Nun einmal angenommen, auf dem Weg der kirchlichen Umkehr erhalten die Opfer von jedwedem Missbrauch ihre menschenmögliche und respektvolle Wiedergutmachung, vermeiden die Täter das Böse, verzichten Amtsträger auf Vertuschung und Machtmissbrauch, greift die Prävention, die schlimmsten Übel werden überwunden. Dann muss die Kirche immer noch grundlegende Fragen beantworten, die schon seit langem rumoren und die mit einem Machtwort längst nicht mehr zu erledigen sind, ohne dass viele vom „Weg, der insgesamt zu gehen ist", abzweigen, also die Gemeinschaft verlassen. Als Fragen mit Abspaltungspotenzial stehen an: der Zugang von Frauen zu geistlichen Ämtern, Pflichtzölibat, die Mahlgemeinschaft mit Christen anderer Konfession, Wert und Segen gleichgeschlechtlicher Partnerschaften, Verantwortung und Partizipation aller Getauften, Aufbau, Größe und Leitungsformen der christlichen Gemeinden und Gemeinschaften, Sexuallehre, Ökumene. Klar zu werden scheint, dass die Kirche zu führen in Leitungsämtern nicht mehr heißt, für und über alle anderen entscheiden zu können. Sondern: zur rechten Zeit partizipative sowie Mehr- wie Minderheitsmeinungen berücksichtigende Entscheidungsprozesse einzuleiten, zu moderieren und abzuschließen. In diesem Sinne kann auch der von Papst Franziskus eingeleitete synodale Prozess verstanden werden. Es gibt ein praktisches, durchaus dazu passendes und darin zu integrierendes Modell.

8

Klaus Nelißen
Kulturwechsel:
Die großen Fragen gemeinsam lösen

Wie viel tatsächlich geht, „wenn Vertrauen geht", das zeigt ein Kinofilm aus dem Jahr 2017: „Die stille Revolution" ist eine Dokumentation über den Kulturwandel in Unternehmen, über die Zukunft von Arbeit und darüber, was es braucht, so einen Prozess anzutreiben. In erster Linie aber erzählt Filmemacher Kristian Gründling die Geschichte des Hotelkettenmanagers Bodo Janssen. Der hatte in frühen Jahren den Familienbetrieb „Upstalsboom" übernommen – und das, rein von den Zahlen her, auch sehr erfolgreich. Aber eine Umfrage unter den Mitarbeiter*innen ergab, wie katastrophal das Betriebsklima gesunken war, seit der junge, ambitionierte Chef am Steuer saß.

„Wir brauchen einen anderen Chef als Bodo Janssen" – diese Aussage seiner Mitarbeitenden hatte Janssen getroffen. Sie trieb ihn aber nicht zur Weißglut, sondern zum Umdenken. Um einen neuen Weg in seiner Unternehmensführung zu gehen, holte er sich Rat, nicht zuletzt vom Benediktinerpater Anselm Grün.

Der Film zeigt die Wandlung des Chefs vom zahlenfixierten Optimierer von Arbeitskraft hin zum ersten Motivator seines Betriebes: Janssen fährt mit seinen Führungskräften ins Kloster und mit seinen Auszubildenden nach Afrika, um gemeinsam eine Schule zu bauen. Dies nicht aus reiner Mildtätigkeit, sondern aus einem ökonomischen Interesse: Janssen hat verstanden, dass sein Unternehmen erfolgreicher ist, wenn er die Potenziale seiner Mitarbeitenden weckt; wenn er seinen Teams Vertrauen schenkt und sie Vertrauen haben in seine strategischen Entscheidungen.

„Die stille Revolution" lässt aber nicht nur Bodo Janssen und seine Mitarbeitenden zu Wort kommen, sondern eine ganze Riege von Experten: vom Gründer der dm-Drogeriemarktkette, Götz Werner, über den Neurobiologen Gerald Hüther, den Theologen und Erfinder der „simplify"-Methode Werner Tiki Küstenmacher, den „brand-eins"-Gründer Wolf Lotter bis zum bereits erwähnten Anselm Grün. Sie alle verdichten das Bild einer neuen Art zu arbeiten und damit einer neuen Art zu führen. Sinnbildlich gemacht wird dies im Film am veränderten Rollenverständnis im Beruf des Managers.

Die ersten Manager wurden 1870 in London ernannt als Absolventen einer Zirkusdirektorenschule. Tatsächlich leitet sich das Wort „Manager" von der „Manege" ab. Der klassische Manager stammt also aus einer Zeit, als durch die Revolution des Fließbands „Dompteure" gesucht wurden für eine Armee von Arbeitskräften; sie mussten abgerichtet und dressiert werden, um im Takt der Maschinen zu funktionieren. Heute braucht die digitale Revolution andere Führungsqualitäten. „Führen heißt ‚ins Fahren bringen‘, damit Menschen Mut haben, etwas zu unternehmen", so Unternehmer-Berater Jürgen Fuchs im Film: „Wir brauchen keine Dompteure, sondern Animateure – damit sich Menschen entfalten." Für Bodo Janssen und seinen Hotelbetrieb hat sich der Kulturwandel nicht nur positiv auf das Betriebsklima niedergeschlagen: Das Unternehmen wurde, quasi als Nebenwirkung dieses Wandels, produktiver. Mitarbeitende, die bislang eher „Dienst nach Vorschrift" machten, entfalteten plötzlich ihre Potenziale, und das wirkte sich unmittelbar positiv auf den wirtschaftlichen Erfolg aus.

Wer „Die stille Revolution" gesehen hat, dem ist klar, dass Kulturwandel in der Arbeitswelt bedeutet, wie sehr Grundannahmen in einem betrieblichen Gefüge – z. B. die Rolle des Managers – überdacht werden wollen, wenn ein Unternehmen

Verantwortung teilen

zukunftsfähig bleiben will. Nicht nur „know how" ist hier gefragt – so die zentrale These des Films – sondern „know why". Und damit rührt die säkulare Wirtschaftswelt in gewisser Weise an Sinn- und Werteressourcen, die vornehmlich in den Religionen und Weltanschauungen niedergelegt sind.

An dieser Stelle drängt sich die Frage nach dem Umkehrschluss auf: Was bedeutet ein solcher Kulturwandel aus der Wirtschaftswelt aber nun für eine Religionsgemeinschaft, für eine weltanschauliche Gruppierung, die doch nach ganz anderen Maßstäben arbeitet und zusammengefügt ist als ein profitorientierter Betrieb?

Die Grundfrage nach der Zukunftsfähigkeit stellt sich einer Religionsgemeinschaft sicher aus anderen Gründen, aber sie stellt sich gerade im Christentum europäischer Prägung virulent. Sie betrifft Fragen der Führung ebenso wie das Überdenken von bestimmten Grundannahmen. Und meist entsteht die Chance für einen solchen Kulturwandel in einer Religionsgemeinschaft, ähnlich wie in Bodo Janssens Hotelunternehmen, in einem Moment der Krise.

Als ich mich, angestoßen durch das Arbeitsfeld des „Pastoralen Zukunftsweges", mit dem Thema Kulturwandel beschäftigte, wurde mir mehr und mehr klar, dass ich auf eine bestimmte Art Zeuge eines solchen Wandels in einer Kirche wurde – und zwar in meiner Volontariatsausbildung bei der Katholischen Nachrichtenagentur (KNA). Im Jahr 2008 schickte mich die KNA als Korrespondent zur „Lambeth-Konferenz" der anglikanischen Kirche ins englische Canterbury. „Vielleicht wirst du Zeuge, wie eine Kirche zerbricht", gab mir der Chef vom Dienst mit auf den Weg. Ein drohendes Schisma – das klingt nach mehr als nach schlechtem Betriebsklima. Was war passiert und wie konnte es sein, dass es 2008 in Canterbury zum „Showdown" hätte kommen können? Das ist eine interessante Geschichte.

Die anglikanische Kirche, korrekter die „Anglikanische Gemeinschaft", ist der Zusammenschluss all jener Kirchen, die sich in der Tradition der „Church of England" sehen. Diese sagte sich bekanntlich im 16. Jahrhundert von der römisch-katholischen Kirche los und sah seit 1531 nicht mehr im Papst ihr Oberhaupt, sondern im König bzw. in der Königin von England. Mit Englands Aufstieg zur Kolonialmacht wurden Ableger der anglikanischen Kirche in ganz unterschiedlichen Regionen der Welt gegründet als je eigenständige Landeskirchen. Heute besteht die Anglikanische Gemeinschaft aus weltweit 38 Landeskirchen mit rund 80 Millionen Gläubigen. Traditionell ist sie stark vertreten in Großbritannien. Sie wächst enorm in Afrika und Asien, ein großes Gewicht hat die finanzstarke Landeskirche in den USA, die dort Episkopalkirche heißt. Anders als in der katholischen Kirche hat die anglikanische kein einendes Lehramt. Es gibt keine Zentralgewalt – das derzeitige Oberhaupt, Königin Elisabeth II., spielt eine symbolische Rolle. Ihr zur Seite steht traditionell der Erzbischof von Canterbury als geistlicher Leiter der Anglikaner, aber auch er ist nur „primus inter pares" und besitzt kein Weisungsrecht gegenüber anderen Landeskirchen.

Was hält also diesen offensichtlich lockeren Verbund von eigenständigen Nationalkirchen zusammen? Außer dem Erzbischof von Canterbury gibt es noch drei weitere „Instrumente der Einheit", wie es in der Anglikanischen Gemeinschaft heißt. Neben einer Art ständigem Rat (ACC) und der Zusammenkunft aller Landeskirchenhäupter (alle zwei bis drei Jahre) ist es vor allem die sogenannte Lambeth-Konferenz, die in der Regel alle zehn Jahre stattfindet und traditionell in Canterbury tagt, dem Ort, an dem sich einst die Kirche von England lossagte von Rom.

Die Lambeth-Konferenz ist das synodale Element dieser fragilen Einheit: die Zusammenkunft aller 385 Bischöfe, und wenn man so will, ist sie das regelmäßig stattfindende Konzil der Anglikaner. Gerade weil hier alle Häupter aller anglikanischen Bistümer versammelt sind, haben die Beschlüsse dieser Konferenz die höchste Autorität für die Anglikanische Gemeinschaft.

Was war geschehen, das die Konferenz und damit die Anglikanische Gemeinschaft im Jahr 2008 an den Rand des Schismas führte? Nun, es war eine Bischofsweihe fünf Jahre zuvor. 2003 wurde mit Gene Robinson in der US-Episkopalkirche zum ersten Mal ein offen homosexuell lebender Priester zum Bischof geweiht.

Viele in der mehrheitlich liberalen US-Episkopalkirche, damals unter der Leitung der ersten Frau, Primas Katharine Jefferts Schori, feierten die Ordination von Robinson als Errungenschaft der Bürgerrechtsbewegung – hin zu einer Gleichstellung aller Menschen in Bezug auf Hautfarbe, Geschlecht und sexuelle Orientierung. Andere Landeskirchen sahen in der Weihe einen Affront. Die Gründe für die Ablehnung der Weihe eines Homosexuellen offenbarten dabei ähnliche theologische

Lager wie in der katholischen Kirche: liberale und konservative Theologien stehen sich in mehr oder weniger exponierten Kirchenfürsten und -fürstinnen gegenüber. Zugleich wirkt sich der Einfluss unterschiedlicher kultureller Kontexte auf die Thematik aus. So stand 2008 im Sudan Homosexualität noch unter Todesstrafe, was der sudanesische Primas im Vorfeld der Lambeth-Konferenz lautstark als Gefahrenpotenzial für seine Kirche anmeldete. Denn die Weihe von Robinson hatte weltweit für mediales Aufsehen gesorgt und brachte besonders Bischöfe der südlichen Hemisphäre in einem teils muslimisch-homophob geprägten Umfeld in Erklärungsnöte.

Wie nun reagierte damals die Zusammenkunft aller Bischöfe auf diese Zerreißprobe? Das Organisationsteam wusste: Wenn die Lambeth-Konferenz im regulären, synodalen Stil verlaufen würde, dann hätte es ähnlich wie in einem Parlament Reden und Gegenreden gegeben und am Ende eine Abstimmung. Die Mehrheit wäre als Sieger vom Platz gegangen. Aber was würden dann die in der Abstimmung Unterlegenen machen? Weil die Gefahr zu groß war, dass sich nach einer solchen Abstimmung eine konservativere, „orthodoxe" anglikanische Kirche abspalten könnte – was im Vorfeld von einer bestimmten Fraktion ins Wort gebracht wurde –, änderten die Organisatoren den Modus der Konferenz.

Und sie führten auf den Vorschlag des südafrikanischen Bischofs Thabo Makgoba hin „Indaba" als Modus für den Konferenzverlauf ein. Makgoba, der in der Tradition des Friedensnobelpreisträgers Desmond Tutu steht und dessen Bemühen in der „Wahrheitskommission" um Versöhnung, referierte mit „Indaba" auf einen Diskursweg, der aus der Zulu-Kultur stammt. „Indaba" bezeichnet dort die Zusammenkunft der Stammesführer, um in einer Art herrschaftsfreien Diskurs wichtige Angelegenheiten auszudiskutieren.

Statt also die kritischen Themen in einer Plenarsitzung zur Diskussion und anschließend zur Abstimmung zu geben, wurden unter den versammelten Bischöfen und Bischöfinnen kleine, sogenannte „Indaba-Gruppen" gebildet. Der damalige Erzbischof von Canterbury Rowan Williams beschreibt sie als „Gruppen, zu denen in der traditionellen afrikanischen Kultur Menschen zusammenkommen, um Probleme zu lösen, die sie alle betreffen, und in denen jeder eine Stimme hat und wo versucht wird, eine gemeinsame Lösung oder eine gemeinsame Geschichte zu finden, die jeder weitererzählen kann, wenn er nach Hause geht."[1]

Thabo Makgoba nennt Indaba einen „neuen, beziehungs- und gesprächsorientierten Prozess" für „gegenseitiges Verständnis und gemeinsames Engagement für Gottes Mission in der Anglikanischen Gemeinschaft".[2] Und er führt fort, Indaba räume ein, dass es Probleme gibt, die wirksam angegangen werden müssten, aber „ohne sofort zu versuchen, sie auf die eine oder andere Weise zu lösen". Vielmehr gehe es in dem Austausch darum, „Übereinstimmungen herauszufinden, die Menschen in Unterschieden zusammenhalten können".

Die Moderatoren der jeweiligen „Indaba-Gruppe" waren darauf bedacht, dass jede Position ohne Wertung vorgetragen werden konnte, quasi mit „offenem Visier". Begegnung und Versöhnung standen im Vordergrund der Gespräche, Bibelarbeiten und gemeinsamen Gebete – nicht Überzeugungskraft und Schlagabtausch. Und plötzlich waren die Gespräche in Canterbury viel persönlicher, in überschaubaren und kulturell-theologisch gemischten Gruppen. Der Diskurs zielte nicht auf ein Ergebnis, sondern auf gegenseitiges Verstehen der jeweils anderen Position. Und das änderte die Tonalität der gesamten Konferenz.

Augenfällig wurde mir das als berichterstattendem Journalisten an dem Tag, als das heißeste Thema der Konferenz zum Gespräch gestellt wurde: „Der Bischof und seine Sexualität". Natürlich waren wir Journalisten außen vor; die Bischöfe und Bischöfinnen berieten unter sich in großer Vertraulichkeit. Dennoch wurde ich fast unfreiwillig Zeuge: Am Abend jenes

Tages nämlich führte ich ein Interview mit Walter Kardinal Kasper. Er war just an diesem Tag in seiner Rolle als „Ökumene-Minister" des Vatikans zur Beobachtung der Konferenz angereist und die Bischöfe hatten ihn kurzerhand in eine ihrer Gruppen geladen. Und so traf ich an jenem Abend – als erster, der mit ihm in seiner Heimatsprache Deutsch sprach – auf einen eigentümlich erschütterten Kardinal: „In dieser Offenheit habe ich mit keinem meiner bischöflichen Mitbrüder in Rom bislang gesprochen", stellte Kasper bewegt fest.

Und so endete die Lambeth-Konferenz am 3. August 2008 ohne ein Schisma. Freilich endete sie auch ohne ein Ergebnis in der strittigen Sache. Oberflächlich gesehen – und für einen Journalisten unbefriedigend – gingen die Bischöfe auseinander, frei nach dem Motto *we agree to disagree*. Jedoch war dieser Nicht-Konsens kein billiges Spielen auf Zeit, sondern der Startpunkt für einen globalen „Indaba-Prozess" innerhalb der Anglikanischen Gemeinschaft – nicht nur für die Bischöf*innen, sondern für möglichst viele Kirchenmitglieder. Die Not wurde förmlich zur ekklesiologischen Tugend erklärt, wie es eine Evaluationsgruppe des Prozesses gegenüber den Vorsitzenden der Landeskirchen 2009 in Alexandria formulierte:

„Wir müssen uns von der Unnachgiebigkeit und der Überzeugung lossagen, dass ‚unsere' Interpretation die richtige ist, um damit gemeinsam auf Gott zu warten. Dies ist etwas zutiefst Wichtiges für den anglikanischen Weg; dass nämlich christliche Jünger Gottes Wahrheit erkennen, indem sie lernen, aufeinander zu warten, und dass die ganze Kirche Zeit braucht, um die ganze Wahrheit zu kennen."[3]

Der vermeintliche Showdown zwischen dem liberalen und konservativen Lager war also abgesagt. Die Führung in der Wahrheitsfrage wurde an Gott zurückgegeben in der Einsicht, dass es für die Klärung zunächst ein vertiefendes gegenseitiges Verstehen, ein „aufeinander Warten" brauchte. Wobei dieses Warten nicht als Aussitzen verstanden wurde, sondern als spirituelles wie missionarisches Programm, als „transkulturelle Erfahrung" mit der gegenseitigen Verpflichtung, „ehrlich zu sprechen", was bedeuten könnte: „sich für Verwundbarkeit zu öffnen".[4]

Und so trafen sich in den kommenden Jahren je drei Delegationen, eine aus einer eher liberalen und eine aus einer konservativen Diözese des globalen Nordens mit einer aus der südlichen Hemisphäre. Die drei Besuchseinheiten fanden jeweils vor Ort einer der drei Gastgeberdiözesen statt, und zwar nicht an einem neutralen Tagungsort, sondern in den Häusern der jeweiligen Gastgeber. Die andere Spiritualität, die andere theologische Position zu erfahren bedeutete konkretes Mitleben und Mitfeiern von Gottesdiensten im „gewöhnlichen Leben" vor Ort, so die Formulierung im Prozess-Begleithandbuch.[5] Dort heißt es weiter: „Ein wesentlicher Teil von Continuing Indaba besteht darin, den Kontext Ihrer Gefährten zu entdecken und Ihren eigenen Kontext mit den Augen Ihrer Gefährten neu zu erkunden."[6] In dem Handbuch[7] wird dies konkret beschrieben: Vom gemeinsamen Einkauf im Supermarkt über das Ernten von Kartoffeln auf dem Feld, vom Spieleabend bis zum gemeinsamen Fernseh-Schauen: es gehe darum, für eine bestimmte Zeit den Alltag der anderen zu teilen und dann ebenso an einem Sonntag die Gottesdiensterfahrung des Gastgebers zu erschließen, so authentisch wie möglich. Die drei Besuche wurden eingeteilt in drei thematische Gesprächskreise: Was verbindet uns im Glauben? Was unterscheidet uns? Und am Schluss: Was ist unsere Vision der anglikanischen Kirche der Zukunft? Flankiert wurden diese Treffen durch Bibelarbeiten, etwa zur Begegnung von Jesus mit der Samariterin am Jakobsbrunnen (Joh 4), welche als Eintreten in eine interkulturelle Beziehung identifiziert wird.

Die positiven Erfahrungen aus dem globalen Indaba-Prozess initiierten dann z. T. eigene Prozesse in den Diözesen. Ein prominentes Beispiel für einen solchen bistumsinternen

Indaba-Prozess ist die Diözese New York. Der damals frisch ernannte Bischof Andrew Dietsche regte diesen Prozess 2013 an, als er gewahr wurde, dass seine Diözese an einen Punkt gekommen war, an dem Themen wie Geld- und Ressourceneinsparungen anzusprechen waren. Themen, die wehtun würden. Die episkopale Diözese New York ist extrem vielschichtig: 200 Kirchen, 14 gesprochene Sprachen; die Diözese umfasst einige der reichsten Nachbarschaften der USA und einige der ärmsten. Sie umfasst urbane Gemeinden ebenso wie den ländlichen Raum des New Yorker Vorlandes. „Geht man durch unsere Diözese, geht man quasi durch verschiedene Welten", so Dietsche in einem Interview.[8] Er entschied sich, die strategischen Finanzfragen nicht zu klären, bevor nicht seine Kirchenmitglieder zuvor folgende Frage beantwortet hätten: Wer sind wir als Diözese?

Seinem Aufruf folgten ein Drittel aller Gemeinden. Und sie wurden in Dreiergruppen aufgeteilt mit unterschiedlichen Profilen: konservativ – liberal, arm – reich, ländlich – urban. An drei Wochenenden trafen sich die Gruppen in den drei unterschiedlichen Gemeindeorten, lebten in den Häusern der Gastgeber und feierten gemeinsam Liturgie. „Nach dem ersten Wochenende kamen Leute auf mich zu und sagten: Bischof Dietsche, dies war die wertvollste Kirchenerfahrung, die ich je gemacht habe. (…) Ich brauchte etwas Zeit, um zu verstehen, was dort passiert war. (…) Die Auflage, in den jeweiligen Häusern zu übernachten, (…) war der Schlüssel zu einer persönlichen Wandlung in der Beziehung zwischen den Akteuren. (…) In den USA ist das Einladen und Übernachten nicht selbstverständlicher Teil der Kultur und so akzeptierten die Teilnehmenden einen Grad von Verletzlichkeit, der dem Ganzen eine tiefere Dimension verlieh als gedacht", so Dietsche im Interview. Er erzählt weiter, wie der Prozess auch Infragestellungen seiner eigenen Rolle bewirkte: „Eine einflussreiche Frau aus einer reicheren Manhattan-Gemeinde kam zurück

aus der Begegnung in einer armen Gemeinde in der Bronx
(…) und sie sagte: Bischof, dies alles hat Konsequenzen für
Sie! Wenn Sie eine dieser Gemeinden schließen, dann haben
Sie auch mich als deren Freundin gegen sich." Dietsche zeigt
sich im Interview über ein solches Feedback glücklich. Es sei
Ausdruck von „Empowerment" der Kirchenmitglieder: „Alles,
was wir wollten, war einen Moment der Erfahrung des Geistes
von Verbundenheit zu schaffen. (…) Anders gesagt: Wir haben
ein gemeinsames Verständnis unseres gemeinsamen Lebens geschaffen."

Vergleiche ich den Angang der Diözese New York an Fragen der Kirchenentwicklung mit dem Beispiel aus dem ein-
gangs zitierten Film „Die stille Revolution", dann ist für mich
augenscheinlich, wie durch den Indaba-Prozess aus passiven
Kirchenmitgliedern aktive Gestalterinnen und Gestalter ihrer
Diözese wurden; wie ein Bischof sein „know how" hinten an-
stellte, um das „know why" in einem das Bistum transformie-
renden Prozess zunächst zu klären.

Übrigens: Der Indaba-Prozess hat in der Anglikanischen
Kirche dafür gesorgt, dass im Jahr 2018 die Lambeth-Konferenz abgesagt wurde – weil festgestellt wurde, dass es in diesen strittigen Punkten von 2008 noch keine Einigung gab und
gibt. Dies geschah aber mit einer gewissen Langmut, denn in
der Zwischenzeit wurden spirituelle wie liturgische Aufbrü-
che praktiziert, die kein Erstarren der Kirche in dem offenen
Konflikt bedeuteten, sondern eine Verschiebung des Akzentes
des kirchlichen Handelns: weg von den (durchaus relevanten)
kirchenpolitischen wie theologischen Konflikten, hin zu einer
vielfältigen, aber wirksamen Erneuerungsbewegung als Kirche.

Ob dieser Konflikt je beigelegt sein wird, das steht noch
völlig offen. Aber die gewandelte Diskurskultur und damit das
gewandelte Kirchenselbstverständnis hat es der anglikanischen
Kirche ermöglicht, Vertrauen neu zu definieren – jenseits theo-
logischer Streitthemen. Das Glaubensleben wurde vitalisiert,

weil gerade eine Grundannahme, die der Einigkeit, differen-
zierter definiert wurde. Der derzeitige Erzbischof von Canterbury, Justin Welby, drückt es wie folgt aus: „Wir sind unglaublich attraktiv, unverwechselbar prophetisch, nicht weil wir uns
alle einig sind, sondern weil wir mit der Leidenschaft in der
Liebe unterschiedlicher Meinung sind und die Messlatte für
die Welt um uns herum hoch legen und dann herausgehen
und Menschen über diese Messlatte helfen."[9]

Anmerkungen:

1) Aus dem Englischen übersetzt nach: *https://www.monkeyland.co.za/meaning-of-word-indaba_article_op_view_id_1454*

2) Zitiert und aus dem Englischen übersetzt nach: F. Bridger & A. Goddard, Learning From Indaba: Some Lessons For Post-Pilling Conversations, S. 42.

3) Übersetzung nach: *https://www.anglicancommunion.org/media/100354/The-Windsor-Continuation-Group.pdf*, S.5.

4) Übersetzung nach: *https://continuingindaba.files.wordpress.com/2013/11/an-indaba-starter-guide-a4.pdf*, S.10.

5) Ebd.

6) Übersetzung nach: *https://continuingindaba.files.wordpress.com/2013/11/an-indaba-starter-guide-a4.pdf*, S.12.

7) Ebd.

8) *https://www.youtube.com/watch?v=yZ8_sIGgte8&t=35s*

9) Übersetzung nach: *https://continuingindaba.files.wordpress.com/2013/11/an-indaba-starter-guide-a4.pdf*, S. 4.

Die miteinander versöhnende Lösung der großen Streitfragen wird kaum gelingen, wenn sie nicht auch „im Kleinen" geübt und gängige Praxis wird. Dass Menschen auf Versöhnung angewiesen sind, weiß das Evangelium und weiß die Kirche. Warum nicht vor Ort, in Gruppen, Gemeinschaften und Gemeinden, für sie jeweils angepasste Versöhnungsakte einüben, die aus Erfahrung das Miteinander einer Klostergemeinschaft erträglicher machen, die Hierarchie verflachen, den Frieden wiederherstellen und so zu anderen Aufgaben als der Beschäftigung mit sich selbst befreien?

9

Johanna Domek OSB
Versöhnungsakte in der Gemeinschaft

Nicht erst seit dem Öffentlichwerden von Missbrauchsfällen, sei es Missbrauch durch Macht, sexualisierter oder spiritualisierter Gewalt, wissen wir von zahllosen Verletzungen in der Kirche.

Leider gehören Verletzungen zum Miteinander von Menschen. Wenn sie in Gruppen, Gemeinschaften und Gesellschaften nicht aufgearbeitet werden, verschwinden sie nicht einfach irgendwann aus dem Untergrund und dem Unausgesprochenen, sondern blockieren ihre Mitglieder gegenseitig und die Entwicklung des Ganzen. Jede Organisationsform von Menschen, wie klein oder groß auch immer, braucht ganz natürlich einen Raum, in dem die Schattenexistenz erfolgter Verletzungen ans Licht kommen und angesprochen werden kann. Die Kirche mag auf das Sakrament der Buße und die Praxis der Beichte verweisen. Es geht hier aber um einen gemeinsamen Raum von Einigen oder sogar Vielen, in dem Dinge zu klären sind, was weder über einen abgetrennten und oft „dunklen" Ort für Einzelne gelingen kann, noch über die allgemein gehaltenen Bekenntnisse einer Gemeinschaft wie einer Eucharistiegemeinde, die ihr Schuldbekenntnis in einer liturgischen Formel äußert.

In vielen benediktinischen Gemeinschaften gibt es in regelmäßigen Abständen ein Treffen der Gemeinschaft, ein sogenanntes Kapitel, in dem es um einen Blick auf die vergangenen Wochen geht und das, was gewesen ist und einzelnen, mehreren oder auch allen noch nachhängt. Auch eine Klostergemeinschaft braucht ja, wie andere Gruppen, Ausdrucksweisen für anderes als Fakten und Pläne, wenn das „Zusammen" gelingen soll. Ein Beispiel dafür ist der Ritus des Versöhnungskapitels, wie wir das in unserem Kölner Kloster meistens einmal im Monat halten.

Im Versöhnungskapitel gibt die Gemeinschaft der einzelnen Schwester Raum, das zu benennen, was im vergangenen Zeitraum ihren Weg geprägt hat. Besondere Aufmerksamkeit gilt dabei dem Gemeinschaftsleben und der Versöhnung.

Der Ablauf eines Versöhnungskapitels:

Zu Beginn: Impulstext aus der Bibel oder anderswoher. Stille.

Die Schwester, die das Versöhnungskapitel leitet, spricht: *Wir stehen voreinander und vor Gott in unserer Bereitschaft zu Umkehr und Versöhnung.*

Ich danke ...
Es folgt der Beitrag jeder einzelnen Schwester in einem Wort, einem Satz oder wenigen Sätzen.

Antwort von allen nach jedem Beitrag: *Dank sei Gott.*
Ein Liedruf als Abschluss dieser ersten Einheit.

Es ist mir schwer ...
Antwort nach jedem Beitrag: *Herr, befreie uns.*
Ein Liedruf als Abschluss der zweiten Einheit.

Ich bitte um Verzeihung ...
Antwort nach jedem Beitrag: *Herr, erbarme dich.*
Ein weiterer Liedruf als Abschluss der dritten Einheit.

Versöhnungskapitel

Gemeinsames Versöhnungsgebet:

Herr Jesus Christus,
wir haben auf die vergangenen Wochen zurückgeschaut.
Wir haben gedankt für alles Gute
und unsere Fehler und Mängel bekannt.
Gib du uns füreinander ein hörendes Herz,
ein liebevolles Wort und eine helfende Hand.
Nimm uns an, wie wir sind,
mit unseren Freuden und unseren Schwächen,
und lass uns als Gemeinschaft den Weg gehen,
den du für uns bestimmt hast. Amen.

Gemeinsames **Vater unser**

Segen:
Der Herr segne und behüte uns!
Der Herr lasse sein Antlitz über uns leuchten und sei uns gnädig!
Er zeige uns sein Angesicht und gebe uns Frieden. Amen.

Oder:
Der Gott des Friedens vollende unsere Heiligung. Unversehrt bewahre er Geist, Seele und Leib bis zur Wiederkunft unseres Herrn Jesus Christus. Amen.

Weihwassersegen

Mit dieser Verbindung aus festem liturgischen Ritus als Rahmen und freier persönlicher Rede als Sich-für-andere-Öffnen in der Liturgie gelingt, das ist die Erfahrung unserer Schwesterngemeinschaft, Zusammenleben und Versöhnung auch über Krisen und Spannungen hinaus. Die Form ist mit Anpassungen sicher auch auf andere Gruppen und Gemeinschaften übertragbar.

Noch einmal die Bilder aus der Einleitung: Wie der Einsatz gegen den Klimawandel viele verschiedene und zusammenwirkende Maßnahmen von sehr Vielen braucht, wie der Bau eines Hauses oder der Wiederaufbau einer Brandruine wie Notre Dame in Paris sehr vieler verschiedener Fertigkeiten und Fachleute bedarf, die abgestimmt zusammenwirken, so braucht der notwendige Klimawechsel in der Kirche viele Maßnahmen auf vielen Ebenen mit sehr vielen Akteuren. So banal es klingt: Alles und alle hängen zusammen. Bei all den Themen und Einzelheiten muss man natürlich das Große und Ganze im Auge behalten. Dazu zählt selbstverständlich die Frage nach „Macht und Demokratie" in der Kirche.

Es mag überraschen, sogar enttäuschen: Die folgende Beantwortung der großen Frage behandelt weder des Papstes „höchste, volle, unmittelbare und universale ordentliche Gewalt, die er immer frei ausüben kann" (can. 331 CIC), noch die Durchführbarkeit von katholischen Volksabstimmungen rund um den Erdkreis. Macht ist im Volk Gottes doch etwas sehr Kleinteiliges.

10

Franz Meurer
Macht und Demokratie

Zwei wahre Geschichten:

Ein Bischof ärgert sich über einen leitenden Mitarbeiter. Um ihn zu disziplinieren, sagt er: „Wissen Sie denn nicht, wer Ihr Gehalt bezahlt?" Die richtige Antwort: „Die Kirchensteuerzahler."

Ein anderer Bischof ist mit engagierten Frauen aus der Katholischen Frauengemeinschaft zusammen zum Gespräch. Alle giftigen Themen kommen auf den Tisch. Schließlich sagt der Bischof: „Dann werden Sie doch evangelisch, dort haben Sie alles, was Sie wollen!"

Zum Ersten zeigt sich, dass das Bonmot stimmt: Geld verdirbt nicht den Charakter, sondern zeigt ihn. Zum Zweiten zeigt sich, wie missionarisch auch ein Bischof sein kann.

Doch im Ernst: Die Aufgabe eines Bischofs ist natürlich schon im griechischen Namen ausgedrückt, *Episkopes,* also der, welcher von oben draufguckt, der Aufseher. Aber er ist auch Missionar, der evangelisiert, also vom Evangelium erzählt. Der folglich nicht die Tür zuschlägt, sondern mit der Selbstbezeichnung Jesu sagen könnte: „Ich bin die Tür."

Beide kleinen Geschichten zeigen auch etwas Positives. Hier demonstriert der Bischof seine Macht, oder er versucht es zumindest. Macht über das Geld und Macht über die Seelen. Positiv ist, dass frau und man nun wissen, wo sie dran sind. Schlimmer ist, wenn Macht geleugnet oder verkleistert wird. Annette Schavan schreibt in der *Herder Korrespondenz* im Mai 2021, S. 51: „Das Christentum braucht einen Wechsel der Perspektive. Das ist das Mantra von Papst Franziskus seit dem Beginn seines Pontifikates. Das kann auch ein Abschied von der Verlogenheit sein – der Verlogenheit, die von Wahrheit spricht, wenn Macht gemeint ist. Diese Verlogenheit tut dem Glauben nicht gut."

Ebenfalls im Mai 2021 zeigt der Papst eine Perspektive auf. Er schickt die Kirche in der ganzen Welt auf einen Synodalen Weg. Der zweijährige Prozess hat die Überschrift: „Für eine synodale Kirche: Gemeinschaft, Partizipation und Mission". Kardinal Mario Grech, der die Synode organisiert, sagt: „Die Zeit war reif für eine breitere Beteiligung des Volkes Gottes an einem Entscheidungsprozess, der die ganze Kirche und jeden in der Kirche betrifft." Drei Ebenen des synodalen Prozesses gibt es: in den Diözesen, auf den Kontinenten, schließlich in der Weltkirche. Thomas Sternberg, der ehemalige Präsident des Zentralkomitees der deutschen Katholiken, sieht einen guten Zusammenhang mit dem „Synodalen Weg" der Kirche in Deutschland: „Gelegentlich geäußerte Unterstellungen, wir würden in Deutschland eine Spaltung vorbereiten oder ständen nicht in Übereinstimmung mit der Weltkirche, erweisen sich als gegenstandslos."

Auch im Mai 2021, noch vor der Ankündigung der Synode durch den Papst, hat der Magdeburger Bischof Gerhard Feige die Chancen demokratischer Prozesse für die Bewältigung der Krise der Kirche in der Wochenzeitschrift *Christ & Welt* skizziert. Er zitiert das Wort von Winston Churchill, die Demokratie sei die schlechteste aller Staatsformen, ausgenommen alle anderen. Dann schreibt er: „In totalitären oder diktatorischen Systemen jedoch haben immer nur einzelne Personen oder bestimmte Gruppen das Sagen und die Macht. Demokratie bietet also viele Chancen, würdevoller als in anderen Gesellschaftsformen miteinander umzugehen. Lange Zeiten haben sich die Kirchen schwergetan, dies anzuerkennen. Heute hingegen befürworten sie demokratische Verhältnisse in allen Bereichen politischen und bürgerlichen Lebens sogar ausdrücklich. Warum sollte sich die katholische Kirche nicht auch selbst mehr und mutiger darauf einlassen? Dazu müsste sie ihr Proprium durchaus nicht aufgeben. Schließlich wird auch in einem freiheitlich-demokratischen Staat nicht über alles abgestimmt, gibt es fundamentale Voraussetzungen, oberste Werte und wesentliche Rechte, die einzuhalten und einklagbar sind. Wovor sich also fürchten?" Dieses Bischofswort könnte glatt als Vorlage für eine Präambel des Synodalen Weges dienen, den der Papst angestoßen hat.

Noch einmal im Mai 2021: Es lohnt sich ein Blick in die Schweiz. Die Diözese Chur hat einen neuen Bischof, der die dort seit vielen Jahren schwelenden Konflikte bearbeiten soll und will. In der Pfingstausgabe von *Christ in der Gegenwart* macht er deutlich, dass Konflikt und Krise zwei Paar Schuhe sind. Im Konflikt geht es darum, wer gewinnt, eine Krise meint die Chance zu Neuem. Auch seine Worte klingen wie eine Einleitung zum Synodalen Weg des Papstes: „Die Kirche verändert sich, oder sie ist keine Kirche. Die Kirche ist Weg. Die Kirche ist Entwicklung. Die Kirche ist Entfaltung. Die Kirche ist Suche. Aber die Kirche ist auch Heimat, Himmelsschau – sie ist auch Finden und Gefundenwerden." Im Blick auf Pfingsten zitiert der Churer Bischof ein Wort von Maximus von Turin, dort erster bekannter Bischof im 5. Jahrhundert: „Durch die Auferstehung Christi wird die Unterwelt geöffnet, durch die Neugetauften der Kirche die Erde erneuert, der Himmel durch den Heiligen Geist entriegelt."

Weil mir dieses Wort sehr gut gefällt, ich aber Maximus nicht kenne, habe ich ins *Lexikon für Theologie und Kirche* geschaut, vorher noch nachgesehen, ob sein Fest am 25. Juni in Deutschland gefeiert wird: nein.

Gerne sehe ich in zwei Ausgaben dieses katholischen Lexikons nach, der jüngsten von 2006 und der von 1935, beide im Verlag Herder. Die Unterschiede sind einfach interessant. In der Ausgabe von 2006 wird das Wirken des Maximus so beschrieben: „Von ihm sind über 100 Predigten erhalten. Darin versucht er, die noch junge Gemeinde von Turin zu festigen, indem er gegen Idolatrie auf dem Land, Scheinchristentum, Laxismus, korrupte Kleriker, Arianer, soziale Ungerechtigkeiten und Mutlosigkeit angesichts der Germaneneinfälle predigt." Ein dickes Programm für einen Bischof, den heutigen Problemen nicht unähnlich.

Besonders gefällt mir aber ein Satz im Lexikon von 1935: „Des Maximus Stil ist knapp und kernig." So wie sein oben zitiertes Wort. Sicherlich ein gutes Vorbild nicht nur für Bischöfe heute. Nicht verschwurbelt, sondern klar. Und nach dem Motto: Kürzer ist um Längen besser.

Den Gedanken des Maximus von der Entriegelung bezieht der Bischof von Chur auf die Krise der Kirche: „Die Kirche leidet unter einer zerreißenden Polarisierung. Am Pfingstfest sind wir besonders eingeladen, im Vertrauen auf den Heiligen Geist einen Ausweg zu finden. Die Polarisierung beginnt dort, wo starres Denken behauptet, dass die Kirche unveränderlich ist und die Wahrheit rein statisch. Sie entsteht auch dort, wo nur die Veränderung um der Veränderung willen gesucht wird. Der Heilige Geist führt uns aus dieser Verriegelung heraus. Er entriegelt den Himmel."

Dann zitiert der Bischof den Papst, der – wieder im Mai 2021 – vor der Kurie in Rom gesagt hat: „Die Krise ist nicht nur deswegen so erschreckend für uns, weil wir verlernt haben, sie so zu sehen, wie das Evangelium es uns nahelegt, sondern weil wir vergessen haben, dass allem voran das Evangelium selbst uns in eine Krise bringt."

Das gefällt mir. Nicht die Kirchenaustrittszahlen, der schwindende Einfluss der Kirchen in der Gesellschaft, die schrecklichen Zahlen sexueller Gewalt oder der Rückzug vieler Frauen und manches mehr sind die entscheidenden Krisenphänomene, sondern die Frage, wie weit und wie tief und wie oft wir uns auf das Evangelium konzentrieren. Die Worte von Papst Franziskus sind dialektisch, beschreiben aber deutlich den Maßstab, an dem es sich zu orientieren gilt: das Evangelium. Das hört sich protestantisch an, ist es aber nicht. Denn es ist die eine Richtschnur der Christen, oft auch vieler Menschen guten Willens, die Jesus als Vorbild ihrer Lebensführung ansehen, ob sie nun Mitglied der Kirchen sind oder nicht.

Einen guten Hinweis dazu gibt der Kölner Sänger Wolfgang Niedecken, bundesweit als Rocksänger der Band BAP bekannt. Die Band ist nach seinem Vater benannt, *Bap* ist auf Kölsch der Vater. In einem Interview, natürlich auch im Mai 2021 in der Boulevardzeitung *Express*, sagt er auf die Frage: „Sind Sie noch in der Kirche?", als Antwort: „Nein. Allerdings bin ich ziemlich spät ausgetreten – erst nach dem Tod meines Vaters. Der war sehr, sehr gläubig, ich wollte ihm meinen Austritt nicht zumuten. Ich weiß noch, wie sehr er gelitten hat, weil er als Geschiedener nicht an den Sakramenten teilnehmen durfte, und wie groß seine Angst war, dass er, wenn er stirbt, keine letzte Ölung bekommt. Wie kann eine Religion, die Nächstenliebe predigt, dermaßen unbarmherzig sein?"

Ist das nicht die Krise, die der Papst meint? Das Evangelium will Nächstenliebe. Der Kölner Sänger lebt sie in seinem Engagement für Kindersoldaten in Afrika oder gegen Rassismus in Deutschland. Kirchlich hat er in der Jugend das volle Programm mitbekommen, auch mit sexueller Gewalt im katholischen Internat. Auf die Interview-Frage „Sind Sie ohne Kirche gläubig?", antwortet er: „Ich bin restkatholisch, also zu 51 Prozent gläubig. Ich bin Agnostiker mit großem Gottvertrauen. Ich bin wie die meisten Kölner. Wenn vom Herrgott die Rede ist, stehen wir ein bisschen strammer."

Unser Papst schreibt in seiner Enzyklika *Fratelli tutti* über die Geschwisterlichkeit und die soziale Freundschaft bei der Betrachtung des Gleichnisses vom barmherzigen Samariter (Nr. 74): „Paradoxerweise können diejenigen, die sich für ungläubig halten, den Willen Gottes manchmal besser erfüllen als die Glaubenden." Nicht das Evangelium hat Wolfgang Niedecken in eine Krise geführt, sondern seine Erfahrung in der Kirche. Ich bin mir sicher, dass er den Willen Gottes erfüllt, auch wenn er ihn wie ich lieber „Herrgott", in Köln mit j statt mit g ausgesprochen, nennt. Was hat das mit Macht zu tun? Es ist die Erfahrung einer unbarmherzigen Kirche, die viele Menschen verzweifeln lässt.

Noch einmal: Mai 2021. Da erschien ein Buch der Priorin des Kölner Klosters der Benediktinerinnen, Schwester Emmanuela Kohlhaas. Sie hat es mit Pfarrer Thomas Frings verfasst. Es beschäftigt sich mit der biblischen Erzählung von der Opferung des Isaak, auf Gottes Befehl hin soll Abraham seinen Sohn töten. Die zentrale Frage ist, was Gehorsam in der Kirche heute bedeutet. Die beiden geben Abraham, Sara und Isaak je eine Stimme in fiktiven Dialogen. Und sie berichten von persönlichen Erfahrungen mit Macht, Missbrauch und Widerstand, beschreiben dann, was sich in der Kirche verändern soll. In das Kloster in Köln treten viele junge Frauen ein, weil sie dort gläubige Freiheit leben können.

Ich habe das Buch fast süchtig verschlungen. Eine Szene, welche Schwester Emmanuela über geistliche Macht berichtet, konnte ich kaum glauben und zitiere sie nun komplett (Ungehorsam. Eine Zerreißprobe, S. 224):

„Mit der Priorin wurde noch in der ersten Hälfte des 20. Jhs. beispielsweise nur kniend gesprochen … Empört war ich, als ich von unserer alten Priorin M. Mechtildis Peters (1904– 1995) hörte, dass während einer Fastenzeit ihr Vater verstorben war. Über einen letzten Besuch oder wenigstens eine Teilnahme an der Beerdigung durfte damals überhaupt nicht nachgedacht werden. Da in der Fastenzeit keine Post ausgeteilt wurde, blieb der entsprechende Brief bis Ostern liegen, obwohl die damalige Priorin ihn infolge der üblichen ‚Briefzensur' geöffnet und gelesen hatte. Als die noch recht junge Sr. Mechtildis dann Ostern davon erfuhr, ging sie in die Kirche und betete weinend direkt am Gitter, das sich zwischen Schwesternchor und Altarraum befand. Dabei hielt sie sich am Gitter fest, so dass ihre Finger ein wenig in den Altarraum hineinreichten. Da kam eine Schwester, die auch in der Kirche war und dies sah, zu ihr und tadelte sie mit den Worten: ,Schwester, Sie begehen eine Todsünde. Sie verlassen die Klausur.'"

Ein solches Klausurverständnis ist lebensfeindlich und steht im Gegensatz zur Botschaft des Evangeliums. Das Kontaktverbot mit der eigenen Familie, die Briefzensur, die Verweigerung eines Krankenbesuches beim Vater und der Teilnahme an seiner Beerdigung: Aus heutiger Sicht ist all das ein klarer Fall von spiritualisierter Gewalt. Die Ideologie, die das ermöglichte, stammte keineswegs aus dem Mittelalter, sondern aus dem 20. Jahrhundert.

Religion muss auch vernünftig sein, genau so, wie Papst Benedikt XVI., dem ja niemand allzu geschmeidige Anpassung an moderne Zeiten vorwirft, es gesagt hat. Ja, die Vernunft braucht ebenso die Religion als Korrektiv, diesen Anspruch halten glaubende Menschen mit guten, nämlich vernünftigen Gründen aufrecht. Umgekehrt sind sie nicht immer bereit, ihren Glauben und die daraus folgende Praxis durch Vernunft und deren sachliche Argumente korrigieren zu lassen. Die kann man von überall annehmen, nicht nur aus der Kirche. Man muss nur bereit sein, zu hören. Das, Hören, ist in Glaubensdingen ja unabdingbar und wird immer wieder gefordert. Für die Stimme der Vernunft gilt dasselbe.

„Wenn jemand zu mir kommt und nicht Vater und Mutter, Frau und Kinder, Brüder und Schwestern, ja sogar sein Leben gering achtet, dann kann er nicht mein Jünger sein", so übersetzt die Einheitsübersetzung von 2016 das Jesuswort in Lukas 14,26. Die 2017 revidierte Lutherbibel bleibt drastisch: „Wer nicht Vater und Mutter … hasst". Dieser Satz wörtlich genommen und absolut gesetzt, führt zu lebensfeindlichen Ge- und Verboten und wie selbstverständlich zu einer unbarmherzigen Kirche. Jesus hat aber dem jungen Mann, der ihn nach den Bedingungen für den Eintritt ins Himmelreich gefragt hatte, auch gesagt, „ehre Vater und Mutter" (Lukas 18,20). Vernünftigerweise ist zu sagen, dass Familien- und Clanbande, nicht nur im Altertum, Menschen ein erwachsenes, selbstbestimmtes, freies Leben rauben können. Wie man auch an sich selbst gefesselt sein kann. Also ist der Jesussatz vom „hassen" zu relativieren, das heißt vernünftig in Beziehung zu setzen zum gesamten Evangelium, zu Umständen damals und heute, und zu einem Gottesbild, das die Schrift überliefert und vernünftige Theologie auslegt. Wer könnte mit Vernunft einen Gott rechtfertigen, der seinen Zorn mit den über ein Klausurgitter herausragenden Fingerknöcheln einer um ihren Vater weinenden Nonne nährt?

Nun stellt sich wohl die Frage, ob das nicht *olle Kamellen* sind, von denen Priorin Emmanuela berichtet. Das gibt es doch nicht mehr! Ja und nein.

Ich erinnere mich an meine Zeit als Kaplan vor vierzig Jahren. Ich lernte eine junge Schwester in einem tätigen – also nicht kontemplativen – Orden kennen. Sie studierte an der Fachhochschule Sozialarbeit. Ihr Taschengeld betrug 5 Mark. Nicht am Tag, nicht in der Woche, sondern im Monat. Natürlich habe ich das Taschengeld aufgestockt. Denn wie sollte sie denn mal einen Kaffee mit anderen Studierenden in der Pause trinken, ohne ihn spendiert zu bekommen? Leider war nicht das Taschengeld ausschlaggebend, dass die Schwester aus dem Orden fliehen musste, es war darin einfach zu eng für ihre Persönlichkeit.

Die Ausübung spiritualisierter Gewalt – auch die kann Menschen vernichten – wird heute gegenüber den beiden letzten Jahrhunderten stark zurückgegangen sein, Gott sei Dank. Verschwunden ist sie aber sicher noch nicht. Es gibt nun allerdings auch Menschen, die suchen für sich nicht die größtmögliche Freiheit und Selbstverantwortung, sondern die Sicherheit und die Stabilität eines festen und detaillierten Reglements unter Autoritäten. Manche von ihnen sind überängstlich. Oder nie erwachsen geworden. Oder einfach so gestrickt. Mag sein, dass es in der katholischen Kirche auch Gruppen und Bewegungen geben muss, die diesen Menschen eine Heimat, einen sicheren Hort geben. Mich erinnert das, wenn es mir arg übertrieben vorkommt, manchmal an die Zeugen Jehovas. Dazu ist viel Kritisches zu sagen, aber auch, dass einige Menschen diese Art zu glauben als Lebensstrategie mögen und brauchen, weil sie sonst jeden Halt verlören und im allgemeinen Wirrwarr regelrecht untergingen. Wenn sie sich dem geistlichen Regime freiwillig unterstellen und damit ein ihnen passendes Leben führen können, ohne irgendwie missbraucht zu werden, wenn sie sich auch jederzeit anders besinnen und woanders hin wenden können, ist das in Ordnung. Wenn diese eine Art aber einen Anspruch auf die gesamte Kirche erhebt und alle Christ*innen gleichförmig prägen will, muss man sich wehren. Der Gott Abrahams, Isaaks und Jakobs führt aus der Knechtschaft, der Vater Jesu zur Ehrfurcht vor der Würde und Freiheit eines jeden Menschen, auch meiner eigenen. Und damit in eine vielförmige, diverse und, mir am liebsten, möglichst rheinisch katholische Kirche.

Aber für jeden Menschen, der Zugang zu den Seelen anderer findet, sei es mit einem geistlichen Amt „ermächtigt", im Dienst der Kirche oder im Miteinander einer Gemeinschaft, als Kinder- und Jugendgruppenleiter*in, gilt es, sich zu hüten vor spiritualisierter Übergriffigkeit. Dazu braucht es Fingerspitzengefühl, Selbstreflexion, Begleitung und eine ordentliche Ausbildung.

Schwester Emmanuela schildert in ihrem Buch auch die gegenteilige Erfahrung: das Kloster als Ort der Freiheit. Und der Bildung. Die Schwestern machen bis zu drei Ausbildungen. Oder kommen aus qualifizierten Berufen ins Kloster, als Apothekerin, Künstlerin, Psychologin. Inzwischen denken die Kölner Benediktinerinnen sogar über eine neue Klostergründung nach.

Nachdenklich gemacht hat mich kürzlich ein Artikel auf der Seite „Jugend schreibt" in der *Frankfurter Allgemeinen Zeitung.* Auf dieser Seite kommen die Artikel, meistens drei, von Schülerinnen oder Schülern. Eine junge Frau schrieb über ihr Praktikum in einem Kinderheim in Afrika, das von Ordensschwestern geleitet wird. Mich hat erschreckt, wie die Praktikantin von einer so angespannten Situation berichtet, dass die Kinder nur gehorchten, wenn sie angeschrien wurden. Die junge Frau fand das schrecklich, wusste aber auch keinen Rat. Einfach zu viele Kinder, zu eng, ohne Aussicht auf Veränderung. Nun sammelt sie Geld, um von hier aus das Kinderheim irgendwie zu unterstützen.

In diesem Bericht deutet sich ein Grundproblem des Umgangs mit Macht an. Früher kamen wirklich viele Schwestern oder Ordensleute ohne ausreichende Ausbildung in verantwortliche Positionen. Auch heutzutage werden noch Priester Personalchefs mit Verantwortung für viele Menschen, ohne ein einschlägiges Studium oder eine gründliche Ausbildung dafür. Das gilt erst recht für die Bischöfe.

Wie auf der Karikatur zu sehen ist, müssten sie mindestens fünffach kompetent sein. Die ersten drei Funktionen sind sozusagen durch das Kirchenrecht genetisch eingeschrieben: Sie vereinen in ihrer Person, was im weltlichen Leben mit Legislative, Exekutive und Jurisdiktion bezeichnet wird. In der Demokratie gilt dafür die Gewaltenteilung. Wozu es führt, wenn sich die Politik der Gerichte bemächtigt, ist leider derzeit in manchen Staaten Europas zu beobachten. In der katholischen Kirche in Deutschland herrscht inzwischen Einigkeit, dass es ohne eine eigenständige Verwaltungsgerichtsbarkeit nicht mehr geht. Neben diesen drei Funktionen bei einer Person, der gesetzgebenden, der ausführenden und der richterlichen Vollmacht, die das Kirchenrecht ihnen auferlegt, möchten die Bischöfe auch Paterfamilias sein, der sich um die Seinen kümmert. Und auch noch geistliche Führer auf dem Weg der Evangelisierung, mit spiritueller Kompetenz.

Die Initiative von Papst Franziskus für eine synodale Kirche fasst seine Kritik des Klerikalismus zusammen, die er seit Beginn seines Pontifikates überdeutlich ins Wort bringt. Der Papst ermuntert die Bischöfe, eine Haltung des Hörens zu pflegen. So sind die Reaktionen in Deutschland einhellig positiv bis begeistert. Der Vorsitzende der Deutschen Bischofskonferenz, Bischof Georg Bätzing, sieht ein „starkes Zeichen für die Mitwirkung aller Gläubigen" und will die bisherigen Erfahrungen des Synodalen Weges in Deutschland einbringen in den weltweiten Prozess.

Bei uns in Köln ist im Verhältnis des Erzbischofs zum demokratisch gewählten Diözesanrat keineswegs immer eitel Sonnenschein. Die Initiative des Papstes sehen beide Seiten mit Freude. Tim Kurzbach, Oberbürgermeister von Solingen

und Vorsitzender des Diözesanrates: „Der Heilige Vater setzt ein starkes Zeichen. Man spürt, dass es ihm wirklich um etwas geht und er der Überzeugung folgt, dass die Kirche sich nur synodal, durch die Beteiligung aller Gläubigen erneuern kann." Kardinal Rainer Maria Woelki drückt es so aus: „Gemeinsam reden und handeln unter Beteiligung möglichst vieler mit dem Ziel, Menschen für den Glauben zu gewinnen – das gilt nicht nur weltweit, sondern auch für uns in unserem Erzbistum."

Ein synodaler Weg, der auch die Gewaltenteilung befördert, könnte sich gerade für die Bischöfe, und natürlich auch für die Pfarrer oder andere, die Gemeinden leiten, als segensreich erweisen. Denn ich bin mir sicher, dass die meisten sich am liebsten nur wenig in den Bereichen von Exekutive, Legislative und Jurisdiktion gleichzeitig bewegen möchten. Gerne möchten sie Spiritual oder Paterfamilias sein. Also geistlich leiten, indem sie sich als Seelsorger*innen verstehen oder sich als gute Väter und Mütter um die Bedarfe ihrer Kinder kümmern, wie man heute sagt.

Unser Kölner Erzbischof erlebte Wellen der Begeisterung, als er sich engagiert den Geflüchteten zuwandte, nicht nur mit Worten, sondern auch mit Stellen für Beratung und Begleitung, Neubau von Wohnungen und ordentlicher finanzieller Ausstattung. Unter dem Label „Neue Nachbarn" bekam das Ganze auch semantischen Glanz. Ähnlich war es zu Beginn der Corona-Pandemie. Bevor die städtischen Hilfen für obdachlose Menschen in Bewegung kamen, lud der Erzbischof sie täglich ins Priesterseminar zum Mittagessen ein. Im Seminar war genügend Platz, um alle Corona-Vorgaben zu beachten.

Vielleicht ist es das, was den synodalen Weg der Kirche fruchtbar machen kann: Wenn sich die Bischöfe und die Christ*innen überhaupt den Nöten der Zeit zuwenden, zerbröselt die Frage, wer denn nun die Macht hat. Den Hut hat dann die oder der auf, wer anpackt.

Wenn sich die Kirche mit sich selbst beschäftigt, Zuständigkeiten abklärt, erörtert, wer was wann wo wie darf, stößt sie nicht mehr auf das Interesse der Menschen. Sie wollen nicht hören, warum es nicht geht, sondern erfahren, wie es klappt.

„Was möchtest du, dass ich dir tue", fragt Jesus oft.

Wenn wir schon bei „Macht und Demokratie" in der Kirche sind, stellt sich sogleich auch die Frage: Wie reden wir miteinander? Wir kennen alle die kirchlichen Schützengräben. Hand aufs Herz: In welchem sitzen Sie? Da kommen wir aber raus: mit Dialog.

11

Werner Höbsch
Dialog, der Weg zum Anderen

In einer Zeit des Auseinanderdriftens und der Polarisierungen innerhalb von Gesellschaft und Kirche, in rechts und links, fortschrittlich und reaktionär, oben und unten, werden Dialoge gefordert, um Brücken zu bauen und Verständigung zu erreichen. Warum aber scheitern Dialoge so oft? Warum sind sie eben doch unverzichtbar? Und wie können sie gelingen?

Gründe für das Scheitern von Dialogen

Ein Dialog kommt nicht zustande oder misslingt, wenn der eine den anderen beschallt.

Ein Dialog misslingt, wenn er nicht auf gleicher Augenhöhe geführt wird.

Ein Dialog misslingt, wenn einer belehrend den Zeigefinger erhebt und verkündet oder predigt.

Bei einem Austausch zu der Frage, warum sich Menschen in einer Gemeinde engagieren, äußerten die einen, dass sie durch ihr Mitwirken auch selber eine Erfüllung fänden, andere, dass sie eben gerne helfen würden. Eine Teilnehmerin antwortete: Weil ich Ansehen erhalte. Gesehen zu werden und Ansehen zu erhalten ist existenziell – es ist das Brot der Beziehung. Jedoch berichten viele von ihren Erfahrungen, oft nicht wahrgenommen und gehört zu werden – auch in der Kirche. Wer immer wieder übersehen wird, wird sich entweder lautstark bemerkbar machen oder zieht sich empört oder resigniert zurück. „Die Kirche ist stark im Senden, aber nur schwach im Empfangen von Botschaften", sie wird somit als dialogunfähig wahrgenommen. Menschen – Glaubende und Zweifelnde, religiös Musikalische und Unmusikalische – haben ein feines Gespür, ob sie als Objekte einer Botschaft oder einer Belehrung, denen „etwas" zugestellt wird, oder als Subjekte einer An-Sprache gesehen werden.

Das Neue Testament erzählt die Begegnung von Zachäus und Jesus, eine Begebenheit vom Gesehen- und Angesehenwerden.

Wie kommt Zachäus ins Evangelium?

Zachäus war als Zöllner ein gesellschaftlicher Außenseiter. Zöllner hatten in Israel zur Zeit der römischen Besatzung, die im Jahr 63 v. Chr. begann, kein Ansehen im Volk, weil sie mit der römischen Besatzungsmacht kollaborierten. Das galt auch für Zachäus, der sich zudem an den Zolleinnahmen persönlich bereicherte. Zachäus war – so berichtet der Evangelist Lukas (Lk 19,1-10) – von kleiner Statur und wurde folglich wohl häufiger übersehen. Als Jesus des Weges kommt, klettert er auf einen Baum. Er wollte Jesus sehen. Der kommt vorbei, sieht ihn da oben auf dem Baum, sieht ihn an und spricht ihn an. Der Außenseiter, mit dem keiner etwas zu tun haben wollte, wird gesehen. Mehr noch, Jesus setzt sich mit ihm an einen Tisch, isst und trinkt mit ihm. Das löste beim religiösen Establishment Empörung aus. Jesus galt als Freund von Zöllnern und Prostituierten. Denn wer zusammen an einem Tisch sitzt, der spricht auch miteinander, tauscht sich aus, hört zu, fragt, versteht, korrigiert sich gegenseitig im Gespräch, schätzt sich und lernt sich immer mehr zu schätzen. Undenkbar, gemeinsam an einem Tisch zu sitzen und nicht miteinander zu sprechen. Lukas berichtet von einer Begegnung ohne Vorbedingungen – außer der Bereitschaft, sich an einen Tisch zu setzen. Zachäus kommt nur einmal, in dieser Erzählung des Lukas, im Neuen Testament vor. Weder wird berichtet, dass er ein Jünger Jesu wurde, noch dass er seinen Beruf aufgab. Zachäus beteuert aber, die Hälfte seines Vermögens an Arme zu geben und unrecht erworbenes Geld vierfach zu erstatten.

Die Begegnung von Jesus mit Zachäus gibt wichtige Hinweise auf das Gelingen eines Dialogs: 1. Menschen sehen und ansehen, 2. zu einer Begegnung ohne Vorbedingungen einladen, 3. sich gemeinsam an einen Tisch setzen und gemeinsam essen.

Die religiöse Situation in Deutschland hat sich gewandelt

Bis in die erste Hälfte des 20. Jahrhunderts besaß der Pfarrer unbestrittene Autorität – zumindest für katholische Gläubige, er war der Pfarrherr und wurde mit „Hochwürden" angesprochen. Wenn er sich Menschen zugewandt zeigte, wurde er als Pastor wahrgenommen, als jemand, der die „Seinen" kennt. Und welchen Stolz und welche Freude erfüllte Gemeindemitglieder, wenn der Pastor aus Anlass eines Geburtstages oder einer Erstkommunionfeier auf einen Kaffee und einen Cognac zu Besuch kam. Diese Zeiten sind Geschichte, der Pfarrer ist keine selbstverständliche Autorität mehr. Im Gegenteil: Oft begegnen Menschen ihm mit Misstrauen, und ein Besuch würde heute viele Menschen eher verstören als erfreuen. Verschärft wird diese Situation für die katholische Kirche durch einen tiefgehenden Vertrauensverlust, der nicht einfachhin wettgemacht werden kann. Die Zeiten des „Schwamm drüber" sind endgültig vorbei. Gefordert ist kirchlicherseits die Bereitschaft und die Fähigkeit zur Selbstkritik, zum Eingeständnis von Schuld und Versagen, zur Begegnung und zum Dialog. Das sind auch die Voraussetzungen für einen Kulturwandel in der Kirche. Diese Fähigkeiten, oder wie es heute heißt: die Dialogkompetenz, können und müssen erworben werden. Die Kirche muss lernen.

Voraussetzungen für den Dialog

Dialog beginnt mit Interesse. Ihn kennzeichnet nicht zuerst eine Technik, sondern eine Haltung, die geprägt ist von Interesse (dazwischen sein, darunter sein, zugegen sein). Im „Interesse" kommt die grundlegende Verbundenheit aller Lebewesen zum Ausdruck, ebenso die Aufmerksamkeit für Menschen mit ihren Themen, Anliegen und Fragen. Wo der Dialog rein strategisch eingesetzt wird, ist er zum Scheitern verurteilt.

Eine unverzichtbare Voraussetzung für das Gelingen eines Dialogs ist, dass jede beteiligte Person so, wie sie ist, akzeptiert

Auf Augenhöhe

und respektiert wird mit ihrer „Freude und Hoffnung, Trauer und Angst" (Konzilskonstitution *Gaudium et spes*, 1).

Der Dialog setzt die grundsätzliche und bedingungslose Anerkennung der Würde des Anderen voraus. Die Grenzen des Dialogs liegen dort, wo diese Würde nicht anerkannt wird. Da ist der Dialog mit seinen Mitteln am Ende, bevor er begonnen hat. Christlich begründet ist das Verständnis von Dialog im Glauben an Gott, der selbst nicht nur Logos, sondern Dia-Logos ist (Joseph Ratzinger). Gott ist nach christlicher Überzeugung seinem Wesen nach Beziehung und Dialog, das meint der theologische Ausdruck „Trinität" (Dreifaltigkeit, Dreieinigkeit). Der Mensch, der nach Aussage der Bibel als Ebenbild Gottes geschaffen wurde, ist von Beginn an wesentlich ein Beziehungswesen und dialogisch ausgerichtet.

Dialog ist somit ein zwischenmenschliches, ein inter-personales Geschehen. Darin unterscheidet er sich von einer Diskussion und einer Debatte, bei denen Sachfragen im Zentrum stehen und Argumente gehört, bedacht und in Diskussionen ausgelotet werden. In der Diskussion werden Positionen bezogen und verteidigt und oft, während der andere spricht, bereits Gegenargumente formuliert.

„Augenhöhe" bedeutet Interesse. Nur auf Augenhöhe der beteiligten Personen kann der Dialog gelingen. Auch das zeigt die Begegnung Jesu mit Zachäus, die sich gemeinsam an einen Tisch setzen.

Regeln für den Dialog

- *Beginne den Dialog mit einem Lächeln!*
- *Höre, was die/der Andere dir sagen möchte! Öffne dich für die/den Andere/n!*
- *Gehe davon aus, dass die/der Andere dir etwas zu sagen hat!*
- *Versuche, die/den Andere/n zu verstehen, nicht zu beurteilen oder gar zu verurteilen!*

- *Rede persönlich in der Ich-Form!*
- *Habe acht auf eine wertschätzende Sprache, d. h. auf eine gewaltfreie Kommunikation!*
- *Gestalte den Raum für eine wertschätzende, offene Kommunikation und einen angstfreien Austausch!*
- *Sprich von der Hoffnung, die dich erfüllt, aber in Demut und Bescheidenheit, und höre die Hoffnung der/des Anderen.*
- *Beende eine dialogische Begegnung immer mit einer persönlichen, wertschätzenden Rückmeldung!*

In einen Dialog tritt ein Mensch ein mit seiner persönlichen Geschichte, seinen Erfahrungen des Geglückten und Misslungenen, mit seinen Hoffnungen, Ideen und Herzensanliegen. Er tritt in einen Dialog ein mit seinen Überzeugungen, Fragen, Zweifeln und Gefühlen. Nicht das Herstellen einer Harmonie ist das Anliegen des Dialogs, sondern Unterschiedenheit wahrzunehmen, auszuhalten und wertschätzend damit umzugehen. Dialog ist kein Wohlfühlprogramm.

Im Dialog öffnen sich Menschen und machen sich dadurch verletzlich. „Ich habe Angst, ausgelacht oder besserwisserisch belächelt zu werden." Die Angst, verletzt zu werden, ist groß. Auch deswegen bauen Menschen Mauern um sich – Schutzmauern. Ein Dialog benötigt als Grundlage Vertrauen. Auch für den Dialog gilt: Vieles geht, wenn Vertrauen geht.

Wer ist der Andere?

Der Dialog erweist sich als der Königsweg zum Anderen. Womit beginnt ein Dialog? Am einfachsten mit einem Lächeln. Und dann mit der Frage: „Wie geht es dir?" Nicht als Floskel, sondern als ehrliche Frage. Ein Dialogprojekt der drei Religionen Judentum, Christentum und Islam trägt den Titel „Weißt du, wer ich bin?" Diese Frage stellt sich nicht nur im Dialog der Religionen, sondern auch innerhalb einer Glaubensgemeinschaft. Darum geht es – um die Frage: Weißt du eigentlich, wer ich bin, was ich denke und fühle, was mir wichtig ist? Wer ist denn die Frau, die sich bei Maria 2.0 engagiert? Wer ist denn die Person, die dieses Anliegen nicht teilt? Warum redet die eine so und der andere so? Es geht nicht darum, über Inhalte des Glaubensbekenntnisses abzustimmen, vielmehr wollen Menschen mit ihrem Verständnis gehört und wahrgenommen werden. Genau hier beginnt der Dialog.

Die Begegnung mit Anderen gehört zum Alltag. Die Andere ist die Straßenbahnfahrerin, die Ärztin, die in Abfallbehältern nach Flaschen suchende Frau, die Frau mit dem Kopftuch. Der Andere ist der Schüler, der Lehrer, der alte Mann mit dem Hund, der jeden Morgen bereits um sieben Uhr unterwegs ist. Meistens nehmen wir den Anderen und die Andere nur einen Augenblick lang wahr, dann entschwinden sie aus dem Blickfeld.

Swetlana Geier, die großartige Übersetzerin der Romane von Dostojewski, hat einmal ihre Arbeit beschrieben: „Literatur von einer Sprache in die andere zu übertragen, das ist wie der unendliche Weg zum Haus des Nachbarn." Sie fährt fort: „Man muss den Atem eines Textes erfassen. Ich lese das Buch, das ich übersetzen soll, so oft, bis die Seiten Löcher kriegen. Im Grunde kann ich es auswendig. Dann kommt ein Tag, an dem man plötzlich die Melodie des Textes hört" (*https://oe1.orf. at/artikel/202642/Wenn-ein-Text-zu-atmen-beginnt*. Abgerufen am 30.11.2020). Dialogische Begegnungen haben sehr viel gemeinsam mit der Tätigkeit des Übersetzens. Auch im Dialog soll die Lebensmelodie des und der Anderen wahrgenommen werden, mangelndes Verstehen abgebaut und Brücken zum gegenseitigen Verständnis errichtet werden. Auch ein Dialog mit Menschen anderer Religionen, Weltanschauungen und Kulturen ist „wie der unendliche Weg zum Haus des Nachbarn". Auch zum Gelingen des Dialogs ist es erforderlich, immer wieder hinzuhören, was der und die Andere mitzuteilen haben, bis man die Lebensmelodie des Anderen vernimmt.

Wahrheit und Dialog

Dialog und Verkündigung sind aufeinander bezogen. Auch in der Verkündigung müssen die Angesprochenen zuerst einmal wahrgenommen und gesehen werden: so wie sie sind. Verkündigung – auch in noch so guter Absicht – ist keine Einbahnstraße, keine Einweg-Kommunikation, auch Verkündigung ist wie der Dialog ein Beziehungsgeschehen. Es ist zu hören, Jesus habe den Auftrag zur Mission erteilt, nicht zum Dialog: „Gehet hin in alle Welt und verkündet das Evangelium!" Er habe nicht gesagt: „Gehet hin in alle Welt und führt einen Dialog über das Evangelium!" So sagen es Gegenstimmen zum Dialog. Stimmt das denn so? Der Apostel Paulus ist der erste große Missionar des Christentums. Er hat die frohe Botschaft von Jesus Christus verkündigt, aber in dialogischer Weise. Ein gutes Beispiel bietet Paulus bei seinem Besuch auf dem Areopag in Athen (Apg 17,16-34). Die Situation: Einige griechische Philosophen nehmen Paulus auf den Areopag mit, um ihn zu hören und mit ihm zu diskutieren. Die Situation ähnelt wohl der einer Talkshow, der Menschen aus unterschiedlichen Motivationen zuschauen: um unterhalten zu werden, um einem handfesten Streit beizuwohnen, um Informationen zu erhalten oder einfach aus Neugier. Diesen unterschiedlichen Erwartungen sieht sich wohl auch Paulus gegenüber. Er knüpft an die Situation und die Gedanken der Umstehenden an. Er nutzt die Gelegenheit, seine Überzeugung darzulegen, er zeigt sich in der Öffentlichkeit präsent.

Wie kann ein Dialog geführt und gestaltet werden, wenn es um religiöse Überzeugungen und „ewige Wahrheiten" geht? Ein Dialog darüber erscheint fruchtlos. In allen Religionen gibt es Kritiker und Gegner des Dialogs, die behaupten: Wer in der Wahrheit steht, benötigt keinen Dialog, dieser ist vielmehr Verrat an der Wahrheit. Wer sich auf einen Dialog einlasse, habe die Wahrheit bereits aufgegeben. Papst Benedikt XVI.

aber sagt: „Die Wahrheit kann sich nur in der Beziehung zum anderen entwickeln, die auf Gott hin öffnet, der seine eigene Andersheit durch meine Mitmenschen und in ihnen zu erkennen geben will. So ist es unangebracht, in ausschließender Weise zu behaupten: ‚Ich besitze die Wahrheit‘. Die Wahrheit ist niemals Besitz eines Menschen. Sie ist immer Geschenk, das uns auf einen Weg ruft, sie immer tiefer uns anzueignen. Die Wahrheit kann nur in der Freiheit erkannt und gelebt werden; denn wir können dem anderen die Wahrheit nicht aufzwingen. Nur wenn wir einander in Liebe begegnen, enthüllt sich die Wahrheit" (Benedikt XVI., Nachsynodales Apostolisches Schreiben *Ecclesia in medio Oriente*, Rom 2012, 27). Wem das Wort Liebe zu stark oder zu abgegriffen erscheint, kann auch Aufmerksamkeit oder Respekt einsetzen.

Dialog erfordert ein Mindestmaß an Empathie. Mit Empathie wird die Fähigkeit benannt, sich in andere – zumindest ansatzweise – hineinversetzen zu können. Das gilt auch im Dialog. Empathie bedeutet im Dialog die Bereitschaft, die Perspektive des/der Anderen zulassen, dessen/deren Sichtweise als eine mögliche zu akzeptieren und sich einmal auf seinen/ihren Stuhl zu setzen. Empathie heißt nicht, die eigene Überzeugung aufzugeben.

Dialog praktisch: Zwischen den Stühlen –
ins Gespräch kommen!

Das Format „Zwischen den Stühlen" wurde als ein Dialogprojekt im Erzbistum Köln entwickelt. Die Stühle und der Raum zwischen den Stühlen laden zur Begegnung ein. Die Stühle stehen für unterschiedliche Positionen: ein traditioneller Stuhl, ein moderner Stuhl und ein Kirchenstuhl (eine Sedilie).

Dieses Projekt kann starten, wenn sich mindestens zwei Personen in der jeweiligen Gemeinde dieses Formats annehmen. Es kann durchgeführt werden mit geringem oder höherem Aufwand, auf unterschiedlichen Ebenen, an konkreten Orten oder auch digital. Vorzugsweise ist es im öffentlichen Raum angesiedelt.

Eine Person nimmt als Gesprächspartner*in auf einem Stuhl Platz, sie eröffnet das Gespräch, moderiert wenn nötig, und sagt zum Abschluss: Danke. Die andere Person ist für Außenstehende ansprechbar und lädt zum Mitmachen ein. Dialoge entwickeln sich im Inter, im Zwischen der Personen. Das Format „Zwischen den Stühlen – ins Gespräch kommen" basiert auf diesem Verständnis von Dialog. Im Aufeinanderhören und Miteinandersprechen öffnet sich ein Raum fruchtbarer Begegnung.

Die Dialoge „Zwischen den Stühlen" signalisieren
• Kirche ist in der Öffentlichkeit präsent und stellt sich,
• Kirche interessiert sich,
• Kirche spricht Menschen an und ist ansprechbar,
• Kirche zeigt sich hörbereit und dialogfähig, und damit Interesse,
• Kirche lernt im Dialog.

Voraussetzung für die Umsetzung dieses Formats ist die Bereitschaft zum Dialog, zu hören und sich anderen auszusetzen: ihren Lebenswirklichkeiten, Fragen, Hoffnungen und Sehnsüchten. Damit verbunden ist eine suchende und lernende Grundhaltung. Und es gehört dazu, sich selbst als Person in den Dialog einzubringen. Die Beteiligten aus der Gemeinde müssen selbst hör- und sprachfähig sein.

„Zwischen den Stühlen" bietet eine geeignete Kommunikationsweise, dieses Format auch ökumenisch durchzuführen.

Dialog als Resonanzraum

Der Dialog kann im Sinne von Hartmut Rosa als ein Resonanzraum verstanden werden, der durch vier Merkmale bestimmt ist: „das Moment der Berührung (Affizierung)", „das Moment der Selbstwirksamkeit (Antwort)", „das Moment der Anverwandlung (Transformation)" und „das Moment der Unverfügbarkeit" (Hartmut Rosa, Unverfügbarkeit, Wien/Salzburg 2019[4], S. 38–44). Der Dialog eröffnet Räume gerade dort, wo das Wissen um die Unverfügbarkeit mitschwingt. Das oben genannte Interesse als Voraussetzung für den Dialog beinhaltet die Bereitschaft, sich ansprechen und berühren zu lassen. Rosa übersetzt „Affizieren" mit „Anrufung". Dieses Angesprochensein ruft nach einer Antwort. „Der einfachste Fall einer solchen Resonanzbeziehung liegt im Austausch eines Blickes oder in einem Dialog vor, in dem die beiden Sprechenden einander wechselseitig hören und antworten" (H. Rosa, S. 40). Ein Dialog, der Berührtwerden und Antworten impliziert, kann zu Änderungen führen. Der Dialog schließt die Möglichkeit – manche sagen die Gefahr – der Verwandlung ein, die Veränderung der eigenen Sicht, des eigenen Verständnisses, die auch zu einer veränderten Praxis führen kann. Da der Dialog ein Beziehungsgeschehen ist und nicht ein Informationsaustausch, wohnt ihm die Dimension der Unverfügbarkeit inne. Ansätze und Strukturen eines Dialogs lassen sich planen, aber nicht das, was aus einem Dialog folgt.

Der Dialog ist kein Rezept, das alle Konfrontationen überwinden kann, es ist vielmehr ein Prozess, ein Weg. Dialoge können scheitern. Das ist kein Grund aufzugeben, sondern zu fragen, wo die Gründe liegen für das Scheitern, und neu zu beginnen.

„Nichts ist verloren, wenn man den Dialog wirklich praktiziert", sagt Papst Franziskus.

Lyrik ist, wie die Musik und die bildende Kunst, selbstverständlich auch ein Werkzeug, wenn es um den (Wieder-)Aufbau einer schönen Kirche geht. Ist nicht sowieso jedes Gebet Poesie? Immer bringt es etwas zum Schwingen, das in der Prosa des Alltags zu erstarren droht.

12

Markus Roentgen
Gebet für den Wandel in der Kirche

DU
Gott
ewig
barmherzig!

Wir danken Dir
für Deine Leben schenkende
liebende Gegenwart
in allen und in allem, was ist.
Öffne unsere Herzen!

Schenke uns die Gabe, neu zu vertrauen,
aufmerksam zu hören
auf Dein Wort in den Worten der Anderen,
auf Dein Leben im Leben der Anderen;
größer zu denken in der Enge des eigenen Tages,
behutsam und wahrhaftig zu leben im eigenen Sprechen und
Wirken,
voller Achtung für die Vielfalt des Lebens und Liebens aus Dir
in allem, was lebt.

Schenke uns Mut voller Sehnen,
Dich mehr
zu suchen mit allen Sinnen,
zu finden in allen Dingen;
wund nach gerechten Wegen,
froh im Erfahren des Schönen, Weiten und Freien,
wach für das, was wirklich nötig und not-wendig ist.

DU
Ursprung und Ziel

DU
unermesslich Gott

DU
Jesus
in allem uns Nähe

DU

Christus

in allem uns Weite

DU
liebende
Geisteskraft

Amen

III.
TÜREN AUF

Menschen hören

„Seid stets bereit, jedem Rede und Antwort zu stehen,
der nach der Hoffnung fragt, die euch erfüllt" (1 Petr 3,15)
und
„Der Glaube kommt vom Hören" (Röm 10,17).
Diese beiden Bibelworte stehen an den Trichtern des
Sprachrohres vor der Kirche St. Johann-Baptist in Refrath,
einem Stadtteil von Bergisch-Gladbach östlich von Köln.

Es ist ein wohlhabendes Viertel, in dem diese tolle Installa-
tion möglich wurde. Ein unterirdisches Edelstahlrohr quer
über den Kirchplatz, oberirdisch zwei Trichter zum Rein-
sprechen oder -singen. Als Kinder haben wir dieses „Fern-
sprechen" mit zwei Konservendosen versucht, zwischen
denen ein Seil gespannt war. Manchmal hat es funktioniert.
In Refrath funktioniert es immer.

Café Credo – Refrath

Doch das ist nicht alles. Das Café links auf dem Kirchplatz heißt Café CREDO. In der Pandemie gibt es Leckeres to go, hier „Außer Haus Verkauf" genannt. Dahinter befindet sich in einem schmuck renovierten Gebäude das Pfarrbüro.

„Unsere Heimat ist im Himmel" steht rund um eine blank polierte Kugel aus Edelstahl auf einer Sitzinsel. Darauf spiegeln sich der Himmel und der Betrachter.

Hereinbitten und Hinausgehen! Darum geht es jetzt. Kirche erfüllt ihren Daseinszweck ja nicht durch Arbeitskreise, Strukturreformen, Papstwahlen und Synoden. Die sind natürlich wichtig, aber sekundär. Kirche-Sein meint: Wir laden ein zum gemeinsamen Mahl und suchen die Menschen am Rand auf. Ach, zentral seien aber Gotteslob und Christusbegegnung? Ja, wo und wie denn sonst?

Willkommenskultur und Gastfreundschaft

„Der Herr wird auf dem Berg Zion für alle ein Festmahl geben mit feinen Speisen und erlesenen Weinen. Er zerreißt auf diesem Berg die Hülle, die alle Nationen verhüllt, und die Decke, die alle Völker bedeckt. Er vernichtet dort den Tod für immer und wischt die Tränen ab von jedem Gesicht" (Jesaja 25,6-8).

„Vergesst die Gastfreundschaft nicht; denn durch sie haben einige, ohne es zu ahnen, Engel beherbergt" (Hebräerbrief 13,2).

Im ersten wie im zweiten Testament ist klar, dass Gastfreundschaft entscheidend ist. Sie überwindet sogar den Tod. Vor allem nützt sie nicht nur dem Gast, sondern auch dem Gastgeber. Warum der Fremde, den ich einlade, die Chance meines Lebens ist, folgt später.

Als Christ bin ich Missionar, ich möchte also meinen Mitmenschen die Frohe Botschaft anbieten. Evangelisierung ist ja auch die Zusammenfassung des Programms von Papst Franziskus. In Frankreich wurde dafür das schöne Wort *„proposer le foi"* formuliert, den Glauben vorschlagen – ein Angebot, das vielleicht auf Nachfrage stößt. Nach Papst Paul VI. und seinem Schreiben *Evangelii nuntiandi* beginnt das mit dem Zeugnis ohne Worte. Für unseren ökumenischen Ansatz im Sozialraum bedeutet dies, dass wir katholischen und evangelischen Christen den Menschen nützlich sein möchten. Das umgesetzt in unserem leider armen Stadtteil heißt, dass wir jede Woche Lebensmittel anbieten für einige hundert Familien. Oder jedes Jahr fast 3.000 Fahrräder verschenken, die uns gebraucht gestiftet werden, zuerst werden sie natürlich in unserer Fahrradwerkstatt repariert. Oder wir gestalten in ökumenischer Zusammenarbeit seit 30 Jahren in den Sommerferien eine Kinderstadt für 600 Kinder. Um nur einige Beispiele zu nennen. Dies ist nicht nur eine soziale Hilfe, sondern es wirkt auch missionarisch. Zum Beispiel führt es dazu, dass sich die gut 100 Jugendlichen, die wir jedes Jahr zu Leiter*innen für die Kinderstadt ausbilden, auch mit den christlichen Gemeinden identifizieren, natürlich mehr oder weniger. Sie lernen religiöse Lieder, beten mit den Kindern vor dem Mittagessen, erleben sich auch als Vorbilder für die Kinder. Vor allem erfahren die jungen Menschen, dass es schön sein kann, Christ zu sein.

Wenn etwa die Ministrant*innen in der Schule gefragt werden, warum sie denn bei einem so altmodischen Verein wie der Kirche mitmachen, weisen sie selbstbewusst auf die Kinderstadt, ihr Engagement bei den Pfadfinder*innen oder im Jugendchor hin. Nicht selten hat das dann auch einen werbenden Effekt: „Das schau ich mir aber auch mal an."

Für junge Erwachsene haben wir das Angebot, in drei angemieteten Wohnungen unentgeltlich zu leben und als Gegenleistung jede Woche fünf Stunden anderen Menschen zu helfen: zum Beispiel mit Hausaufgabenhilfe, Sprachunterricht für Geflüchtete, Ausflügen mit Kindern in den kleinen Ferien. Auch gibt es eine christliche Wohngemeinschaft junger Menschen, die im Kontakt mit den Fokolarini steht. Sie bietet alle paar Wochen ein Taizégebet an, in der Kirche oder bei gutem Wetter auf deren flachen Dach. Dass die WG jetzt in ihrem Gästezimmer eine obdachlose Frau aufgenommen hat und bei der Suche nach einer Wohnung unterstützt, finden gerade junge Leute beeindruckend. Die Mitglieder der christlichen WG sind für Jugendliche auch interessante Gesprächspartner, weil sie eben nur ein wenig älter sind. Und interessante Typen, zum Beispiel ist die ehemalige Deutsche Weinprinzessin dabei.

Nun, was ist Willkommenskultur in einer Kirchengemeinde? Wie setzt man sie um? Es sind die einfachen Dinge. Ein paar Beispiele: Ich hatte einen Gottesdienst in einer alten romanischen Kirche vor den Toren Kölns übernommen. Als ich dort ankam, musste ich zur Toilette. Ich bin ein Mann von 70 Jahren und nicht nur mir geht es so, dass man auch außerhalb seiner eigenen Wohnung oder der von Gastgebern öfter eine Toilette aufsuchen muss. Es gab bei der Kirche keine, nur im Pfarrhaus, das ich aufsuchen konnte und es öffnete mir jemand die Tür. Nach dem Gottesdienst, vor einer Beerdigung auf einem Friedhof weiter weg, war da niemand mehr.

Der Küster in der romanischen Kirche war super freundlich. Ich sagte ihm, dass ich, wenn ich Pastor in der Gemeinde werden würde, sogleich als Hinweis auf den ersten Schritt der Willkommenskultur eine Dixi-Toilette auf meine Kosten vor der Kirche oder im Eingangsbereich aufstellen würde, als Appell an den Kirchenvorstand. Wahrscheinlich gäbe es etwas Ärger. Aber wenn wir die älteren Menschen als Gottesdienstbesucher*innen behalten möchten, führt nichts an der Toilettenfrage vorbei. Natürlich entscheidet der Kirchenvorstand, in dem der Pfarrer nur eine Stimme hat. Aber zum Glück sind in den meisten Kirchenvorständen ja die meisten Mitglieder schon älter, also auch auf funktionierende WCs angewiesen.

Wer junge Menschen gewinnen will, muss andere Sachen machen. Dazu gehört ein Wickeltisch für Babys. Aussuchen sollen ihn die Eltern, nicht die Senioren im Kirchenvorstand. Unserer ist zwar sehr teuer gewesen, aber offensichtlich optimal. Er lässt sich in der sehr großen Behindertentoilette von der Wand abklappen. Pflegeutensilien stehen daneben bereit. Die behindertengerecht eingerichtete Toilette ist aus meiner Sicht auch ein *Muss* in den Kirchen. Bei neuen Gaststätten ist sie ja heute auch Standard. Ältere Wirtschaften haben einen Bestandsschutz, aber dies sollte kein Vorbild oder Freibrief für unsere Kirchen sein, denn Willkommenskultur denkt von den Menschen her!

Damit das Angebot Gottes an alle Menschen durchscheinbar und erfahrbar wird, braucht es eine praktische Kultur des Willkommens.

Natürlich besonders an den Orten kirchlichen Lebens. Es geht um Menschen und Dinge. Um uns Menschen in jeder Begegnung. Wie empfangen wir die Menschen, die zum ersten Mal das Gotteshaus besuchen? Halten wir Parkplätze für sie bereit? Gibt es einen Begrüßungsdienst an der Kirchentür? Wie informieren wir Neuzugezogene über unsere Angebote? Wie ist die Atmosphäre bei uns: einladend, ohne aufdringlich zu sein? Wie kommen Rollstuhlfahrer und Kinderwagen ins Gotteshaus oder ins Pfarrheim? Gibt es ein Kirchencafé nach dem Gottesdienst? Wo finden Kinder ihren Platz?

Dies sind nur einige Beispiele. Es geht darum, von den Menschen her zu denken und zu handeln. Ein Vorbild dabei ist Jesus selbst. Er lebt aufsuchende Gastfreundschaft. Als der Zöllner Zachäus voller Sehnsucht auf dem Baum sitzt, um Jesus zu sehen, sagt der unverblümt zu ihm: „Zachäus, komm schnell herunter! Denn ich muss heute in deinem Haus bleiben." Er lädt sich also selber ein, weil er den Wunsch des Zöllners nach Begegnung und Heilung spürt. Was spüren wir, wenn wir den Menschen begegnen? Es geht also, modern gesprochen, um Kommunikationskompetenz. Hierfür gibt es eine natürliche Begabung, aber vieles kann man auch lernen! Es sollte also eine Ausbildung dafür geben!

Dies gilt auch für den Bereich, in dem wir öffentlich kommunizieren. Vom Pfarrbrief über das Internet bis zu unserem Auftreten in den Medien.

In Köln gibt es tatsächlich die Kirche mit elf Stufen vor dem Eingang und keinerlei behindertengerechtem Zugang. Leider ist völlig klar, wer hier willkommen ist. Auf keinen Fall die Freunde Jesu, also all die Kranken und Lahmen und Beladenen. Von wegen Jesu Aufforderung: „Kommt alle zu mir, die ihr euch plagt und schwere Lasten zu tragen habt. Ich werde euch Ruhe verschaffen" (Mt 11,28).

Unser Papst will ja, dass wir „an die Ränder gehen", also aufsuchende Gastfreundschaft leben. Bevor wir dies versuchen, sollten wir zuerst den Zugang zu uns so einfach wie eben möglich gestalten. Heute nennt man das „niederschwellig".

Eine Willkommenskultur setzt sich aus vielen kleinen Bausteinen zusammen. So entsteht ein Klima, das anziehend sein kann; junge Leute würden es als „cool" bezeichnen. Gemeinsam ist diesen Bausteinen, dass sie ein Haus der Gemeinschaft werden. Der Deutsche Caritasverband hat zu seinem Gründungsjubiläum 2022 das Motto gewählt: „Das machen wir gemeinsam". Der Deutsche Gewerkschaftsbund hatte für den Tag der Arbeit am 1. Mai 2021 das Thema: „Solidarität ist Zukunft". Beides ist einladend gemeint, als Angebot der Resonanz. Wer mitmacht oder teilnimmt, erlebt seine Selbstwirksamkeit. Einfacher gesagt: Sie oder er kommt vor, ist erwünscht, kann sich einbringen.

Zur Willkommenskultur gehört die Gastfreundschaft. Im Kloster gibt es einen alten Brauch: einen Platz für Jesus freihalten. Kommt der denn? Klar doch, zuerst einmal in Gestalt der Gäste. Gerade die Benediktiner mit ihrer *stabilitas loci,* immer an ihren Fleck gebunden, sind grundsätzlich gastfreundlich. In der Regel des heiligen Benedikt ist dies neben „*ora et labora*" eine Grundstruktur.

Und bei uns? Da gilt meistens: „Hier verkehrt, wer verzehrt!" Das meint Zugehörigkeit durch Leistung, Geld und Konsum – eine Welt zum Kaufen, Gastlichkeit zum Kaufen, Service gegen Geld. Unser praktisches Prinzip im ökumenischen Tun in Köln-Höhenberg/Vingst ist anders: Zugehörigkeit ohne Leistung. Wer kommt, gehört dazu. Zuerst einmal: „*Alles ömesöns*", so heißt zum Beispiel auch unsere Kinderkarnevalssitzung. Nur ihr Bier müssen die Großen bezahlen, die vielleicht mit den Kindern kommen.

aus dem Rahmen ausbrechen

Hand aufs Herz: Wie soll eine normale Familie, also Normalverdiener, an einem Pfarrfest teilnehmen, wo Mann und Frau alles bezahlen müssen? Ausgeschlossen, genauso wie der Besuch einer Kirmes.

Also gibt es bei uns Pfarrfeste nur mit freiem Essen, Trinken, Spielen für alle Kinder. Die Eintrittskarten, die die Kinder sich um den Hals hängen, werden in den Schulen verteilt. Das Bier kann ja Geld kosten, oder auch die Steaks, aber Würstchen für die Kinder nicht. Wenn wir als Kirchenleute die Verheißung haben vom Festmahl des Himmels, vom ewigen Hochzeitsmahl der Kinder Gottes, dann können wir als Bodenpersonal doch nicht dauernd Bons verkaufen! Als ob sich der Erfolg unserer Feste danach bemessen sollte, wie viel Erlös wir „für den guten Zweck" erwirtschaften. Zu schnell wird der gute Zweck selbstreferentiell: Wie viel kriegen wir rein?!

Unsere Gastfreundschaft ist also *„ömesöns"*, geschenkt, gratis. Die Gnade Gottes ist so: bedingungslos, großzügig, sogar verschwenderisch und hat den, der was braucht, immer gut im

Blick und gibt ihm noch mehr, als er oder sie braucht. Gott verschenkt sich. Er beugt sich – das ist Gnade! – nach unten, er bückt sich! Beim zentralen Gastmahl hat Jesus sich tief gebückt und den Jüngern die Füße gewaschen. Dann haben sie miteinander gegessen und getrunken, Mahl gehalten. Sie waren eingeladen von Gott, der sich verschenkt.

Dem Gast gebührt der beste Platz. Von unseren türkischen Mitbürgern habe ich gelernt, dass bei ihnen zu einer Polstergarnitur immer zwei üppige Sessel gehören, nicht nur einer wie sonst oft üblich. Wegen der Gastfreundschaft. Gastfreundschaft ist das Gegenteil von Nehmen, Klammern, Behalten. Heinrich Vormweg schreibt in seiner Biographie über Heinrich Böll über dessen Bild von Katholiken: „Vorherrschend unter ihnen und anerkannt als Vorbild fungiert danach in der Institution Kirche der nach Besitz und mehr Besitz strebende Bürger, der sich in der Kirche sicher fühlt" (S. 190). Dies ist auch protestantisch unterzubringen. So sieht Calvin das Geld als eigentliches Zeichen der Gnade, wörtlich zitiert sagt er: „Wenn Gott die Armen lieben würde, dann wären sie nicht arm."

Ich hoffe sehr, dass dies heute nicht mehr gilt, egal in welcher Kirche. Allerdings ist bei der Zusammenlegung von Pfarreien zu Seelsorgebereichen in der katholischen Kirche auch festzustellen, dass es manchmal nicht zuerst um Evangelisierung und das Heil der Seelen geht, sondern um Geld. Dabei sollte doch gerade für uns Christen das Prinzip gelten: Teilen macht froh.

Gastfreundschaft ist im Kern Geschenk ohne Absicht, einfach so. Der Barmherzige Samariter ist Realist, hilft, bezahlt im Voraus die Rechnung im Wirtshaus für Verpflegung und Pflege des von Räubern Verwundeten und Ausgeraubten. „Wenn es nicht reicht, zahle ich mehr, wenn ich wiederkomme." Diese Gastfreundschaft ist reine Solidarität. Darauf hat keiner einen Anspruch, aber wer es sich wie dieser Samariter leisten kann, macht es eben frank und frei. Priester und Levit sind ganz in ihrer kleinen Welt befangen: nur nichts verschenken an Zeit, Geld, Energie.

Christliche Gastfreundschaft ist etwas Öffentliches. Da können die Katholiken von den Protestanten lernen. Ganz praktisch: Die Kirche ist ein öffentlicher Raum, gehört allen, da ist Begegnung nach dem Gottesdienst, zwischen den Freunden und Fremden. Gastfreundschaft ist nicht intim, kleinräumig, muffig.

Der Fremde ist psychologisch, im Empfinden der Nicht-Fremden zuerst einmal der Feind. Der Neue in der Gruppe sorgt für eine neue Hackordnung und bringt meine Position in Gefahr. Die Neue im Betrieb ist die Konkurrentin um die Führungsposition. Die Römer brachten es auf den Punkt, im Lateinischen hat das Wort *„hostis"* zwei Bedeutungen: „der Fremde" und „der Feind".

Eine Gesellschaft, die das Haben als ganz wichtig ansieht, hat ein großes Sicherheitsbedürfnis. Wer nimmt mir etwas weg? Und wie viel weniger ist der Wiederverkaufswert meines Hauses, wenn in der Nähe ein Heim für Asylbewerber gebaut wird?

Ich darf gar nicht tiefer darüber nachdenken, wie vor einiger Zeit gerade die gutsituierten Kirchgänger mit auf die Barrikaden gingen, als der Sozialdienst Katholischer Männer in einem Ort im Rhein-Sieg-Kreis ein Übernachtungshaus für Obdachlose einrichten wollte.

Wir klammern uns krampfhaft an unseren Besitz und haben Angst vor der Gastfreundschaft, weil wir meinen, uns würde etwas genommen.

So sehr wir uns gegen Fremde abschotten, so sehr suchen wir selbst nach Erfahrungen der Gastfreundschaft und des selbstverständlichen Umgangs mit anderen. Aus dem Urlaub wissen die meisten zu berichten, wie schön es war, nicht als der bedrohliche Fremde angesehen zu werden, sondern im Gegenteil Freundlichkeit und Hilfestellung zu erfahren.

„Ich war fremd und ihr habt mich beherbergt" (Mt. 25,36). Sicher, das ist eines der sieben Werke der leiblichen Barmherzigkeit, aber ebenso auch sich selbst gegenüber eine gute und öffnende Erfahrung. Nur wer den Fremden und das Fremde bei sich einlässt, kann seine eigene Erfahrung weiten und damit für sich selbst Heimat finden.

Denn Gastfreundschaft heißt nicht Vereinnahmung, sondern Begegnung. Der Gastgeber bietet einen Raum der Freiheit, in dem der vorerst Fremde in seinem Anderssein bleiben kann. Nur so kann aus Fremdheit Freundschaft entstehen: in gegenseitiger Achtung.

Ein Beispiel dafür ist das Verhältnis der Eltern zu ihren Kindern. Kinder sind Gäste im Haus ihrer Eltern, kein Eigentum, das die Eltern verwalten. Sie brauchen sorgsame Zuwendung und Begleitung, zugleich aber Freiheit und das Recht, anders zu sein als ihre Eltern. Sie verweilen eine Zeitlang, dann brechen sie auf, vielleicht als gute Freunde.

Wir können im Fremden nur so lange einen Feind sehen, wie wir etwas zu verteidigen haben. Das kann zum Beispiel auch die Überzeugung sein, alles besser zu wissen oder als Eltern allein voll und ganz für das Schicksal eines Kindes verantwortlich zu sein. Erst der Verzicht darauf, alles fest im Griff haben zu müssen, macht frei für das Ungeahnte und Neue. Für das Fremde, für den Gast.

Mit Gott geht es uns nicht anders als mit unseren Mitmenschen. Auch er ist zuerst der Fremde, der Gast, der anklopft. Kurzfristig ziehe ich durchaus Sicherheit daraus, wenn ich alles Fremde heraushalte aus meinem Leben, wenn ich „Toter Mann" spiele, wenn ich mich auf den seelischen Sparstrumpf unter meinem Kopfkissen hocke. Aber im Fortgang der Zeit vertrockne, veröde, ja verblöde ich damit innerlich.

Vielleicht ist es im Tiefsten die Illusion der eigenen Unsterblichkeit, die unsere Fremdenangst schürt. Wir meinen, wir hätten die Dinge der Welt fest im Griff: Alles soll so bleiben, für immer. Doch manchmal genügt schon ein spitzes Wort, und wir fühlen uns einsam und zutiefst verletzt. Manchmal genügt ein

Flüchtigkeitsfehler, und ich meine, die Welt breche zusammen. Die Konsequenz ist dann eine übertriebene Sentimentalität, weil die Menschen sich selbst vergötzen und aneinanderklammern. Oder eine erschreckende Brutalität, weil ich meine, nur etwas zu sein, wenn ich den anderen kleiner mache als mich selbst.

Gastfreundschaft ist nicht nur moralisch gut, weil ich etwas abgebe und meine Räume öffne. Gastfreundschaft bringt mir selber sehr viel. Nur wenn ich erkenne, wie andere mich sehen, kann ich mich selber begreifen. Nur wenn ich mich dem Fremden öffne, erkenne ich meinen eigenen Wert, ohne mich an meinen Besitz zu klammern.

Hier gilt das Wort von Frère Roger, dem Gründer der Gemeinschaft von Taizé: „Lebe das, was du vom Evangelium verstanden hast. Und wenn es noch so wenig ist. Aber lebe es …" Wenn junge Menschen in Taizé im französischen Burgund waren, sind sie oft von der Situation in ihren Gemeinden enttäuscht. In Taizé erleben sie eine Gemeinschaft mit mehreren Tausend Jugendlichen, nehmen an Gottesdiensten teil, beten und tauschen sich über ihre Erfahrungen aus. Natürlich lässt sich das nicht eins zu eins in den Alltag übersetzen. Hier wartet die Mühe der Ebene. Gerade dann ist eine Willkommenskultur entscheidend. Die Gastfreundschaft der Mönche in Taizé gilt es in das Gemeindeleben zu übersetzen.

Wie kann das klappen? Mit zweimal „H", Herzlichkeit und Heiterkeit. Adolf Kolping, der Menschenversteher, hat gesagt: „Wer Menschen gewinnen will, muss sein Herz zum Pfand geben." Von Papst Johannes XXIII., dem Papst des Konzils, steht das Wort im Gotteslob (S. 639): „Glauben, das ist die Heiterkeit, die von Gott kommt."

Es geht also nicht zuerst um das Glaubenswissen, sondern um den Geist, das Klima, das unsere Gemeinden und Gemeinschaften atmen.

Das meint dann auch durchlüften, die Fenster öffnen, wie es der Papst des Konzils vorgemacht hat. Papst Franziskus hat noch eins draufgesetzt. Als Kardinal Bergoglio hielt er am Vorabend der Papstwahl einen Vortrag vor den Kardinälen. Er sagte, heute stehe Jesus innen an der Kirchentüre und klopfe. Er will hinaus, und wir Christen sollen ihm folgen.

Als ich von diesem Wort des Papstes erfuhr, habe ich mich gefreut, weil es das beschreibt, was wir seit Jahren als „aufsuchende Gastfreundschaft" bezeichnen. Also das neue Flüchtlingsheim aufsuchen, die Probleme der Gesamtschule bei der Beschaffung von Laptops in der Pandemie wahrnehmen, das Bemühen des Sportvereins nach einem verletzungsarmen Kunstrasenplatz mitbekommen. Oder auch den Wunsch der Polizei nach Unterstützung im Umgang mit Drogensüchtigen – so kam es zu den beiden Spritzenautomaten in unserem Stadtteil.

Schon Kardinal Joseph Höffner hat dies prägnant formuliert, als er von der „Geh-hin-Kirche" statt der „Komm-her-Kirche" sprach. Der Religionsphilosoph Tomáš Halík drückt es so aus: Neben der Seelsorge für die Menschen, die schon in der Gemeinde oder in Verbänden eine Heimat gefunden haben, und zweitens der klassischen Mission, die neue Mitglieder der Kirche gewinnen möchte, sieht er die Begleitung der Suchenden als dritten Bereich der Evangelisierung. Diese Form der Geistlichen Begleitung ist sozusagen absichtslos an der Seite der Menschen, in Krankenhäusern, Gefängnissen, bei seelischen Krisen.

Bei Besuchen im Hospiz spüre ich, wie die sterbenden Menschen den Takt angeben. Sie geben die Signale, was angemessen ist. Das kann die Krankensalbung sein oder auch einfach das da-Sein. Das kann der Rosenkranz sein oder der Bericht, was sich im *Veedel*, dem kölschen Stadtviertel, so tut. Als ich einmal ins Krankenhaus gerufen wurde, in dem eine jesidische Mutter starb, habe ich auf dem Flur eine Stunde lang Rosenkranz gebetet. Dann hatten die Angehörigen Vertrauen gefasst und baten mich in das Sterbezimmer. Später stellte sich heraus, dass eine Beerdigung in Köln nicht möglich war, weil ein Begräbnisfeld nach den Regeln der Jesiden nicht existierte. Mit dem Vorsitzenden der Friedhofsgärtner-Genossenschaft konnten wir aufgrund der sehr guten Zusammenarbeit mit der Stadt Köln ein solches Feld auf einem Kölner Friedhof nach zwei Monaten einrichten. Aufsuchende Gastfreundschaft heißt also auch, dranzubleiben, bis ein Ergebnis da ist.

Wenn Menschen Jesus um Hilfe in ihrer Not baten, fragte er sie oft: „Was willst du, dass ich dir tue?" Das hört sich ja doch etwas schöner an als „Was willst du von mir?" Vor allem zeigte Jesus die Bereitschaft zu handeln.

Hannah Arendt, die Philosophin, unterscheidet drei Tätigkeiten: Verbrauchen, Herstellen und Handeln. Verbrauchen meint essen, konsumieren. Das können auch alle Tiere. Herstellen können Menschen, zum Beispiel Eisen aus Erz. Handeln ist für Hannah Arendt immer politisch und geschieht in Gemeinschaft.

Im 1. Johannesbrief heißt es: „Wir wollen nicht mit Wort und Zunge lieben, sondern in Tat und Wahrheit" (3,18). Für eine Willkommenskultur ist es also wichtig, nicht nur ein Gesprächsforum zu bieten, sondern auch die Bereitschaft zu zeigen und zu beweisen: Wir packen an, gehen mit, tragen mit, stehen bei.

Neben dieser Bereitschaft zur Tat ist ein weiteres Grundrauschen der Willkommenskultur und der Gastfreundschaft die Geschwisterlichkeit mit allen Menschen. Galt früher der Satz *„extra ecclesiam nulla salus"*, also: außerhalb der katholischen Kirche gibt es kein Heil, so hat das Konzil in der Erklärung *Nostra Aetate* über das Verhältnis der Kirche zu den nichtchristlichen Religionen formuliert: „Wir können aber Gott, den Vater aller, nicht anrufen, wenn wir irgendwelchen Menschen, die ja nach dem Ebenbild Gottes geschaffen sind, die brüderliche Haltung verweigern. Das Verhalten des Menschen zu Gott dem Vater und sein Verhalten zu den Menschenbrüdern stehen in so engem Zusammenhang, dass die Schrift sagt: ‚Wer nicht liebt, kennt Gott nicht' (1 Joh 4,8)" (5. Kap., 1. Abs.). Vor 50 Jahren war nur von „Brüdern" die Rede, wie ja auch im Ave Maria die Frauen „Weiber" hießen. Aber das hat sich ja zum Glück entwickelt.

Wie sehr das Verhältnis zu den nichtchristlichen Religionen heute den Stil der Kirche prägt, zeigt die Enzyklika *Fratelli tutti'*, über die Geschwisterlichkeit und die soziale Freundschaft, von Papst Franziskus aus dem Jahr 2020. Es ist das erste Schreiben eines Papstes überhaupt, das von einem muslimischen Geistlichen angeregt wurde, dem Großimam Ahmed al-Tayyeb von der Al-Azhar-Universität in Kairo. Der Papst schreibt darin auch, dass er sich bei seinen Gedanken zur Geschwisterlichkeit von nichtkatholischen Persönlichkeiten hat inspirieren lassen, er nennt Martin Luther King, Desmond Tutu und Mahatma Gandhi. Er erwähnt auch den Eremiten Charles de Foucauld, der in der algerischen Wüste den Wunsch hatte, sich als Bruder aller Menschen zu empfinden. Der wichtigste Satz in der Enzyklika lautet: „Gottes Liebe ist für jeden Menschen gleich, unabhängig von seiner Religion."

Die Enzyklika endet mit zwei Gebeten. Das erste beginnt so: „Herr und Vater der Menschheit, du hast alle Menschen mit gleicher Würde erschaffen. Gieße den Geist der Geschwisterlichkeit in unsere Herzen ein. Wecke in uns den Wunsch nach einer neuen Art der Begegnung, nach Dialog, Gerechtigkeit und Frieden."

Mit dieser Enzyklika im Rücken gilt es sich nun den praktischen Fragen von Willkommenskultur und Gastfreundschaft zu widmen. Wichtige Anregungen gibt es seit längerem aus den USA, etwa von der Willow-Creek-Gemeinde. Da es dort keine Kirchensteuer gibt, sind die Gemeinden von den Beiträgen abhängig, welche die Gläubigen, die zum Gottesdienst kommen, geben. Die Menschen in den USA suchen im Durchschnitt 2,8 Gemeinden auf, bevor sie sich für eine entscheiden. Dass hier Willkommenskultur und Gastfreundschaft entscheidend sind, braucht keine Erläuterung. Wie weit das reicht, zeigt das musikalische Statement eines Pfarrers dieser wachsenden Gemeinde. Das erzählte ein Prälat, der zu Studien dort war. Die Musik im Sonntagsgottesdienst wird jeweils live von einer Band gestaltet. Es ist der Sound, der den meisten Besucher*innen gefällt. Also „gefällig", harmonisch, wie zum Beispiel im Kölner Domradio. Für den Pfarrer eigentlich nichts Schönes, er bezeichnet sich auf Nachfrage als „Mozart-Typ". Aber dann sagt er: *It's not about me"*, es geht nicht um mich!

Das ist der Kick: die Gestaltung des Gottesdienstes soll den Adressaten zusagen, nicht den Absendern. Diese Willkommenskultur wird in der Wirtschaft so formuliert: Der Köder muss dem Fisch schmecken, nicht dem Angler. Was ja eher zur Mission im alten Sinne passen würde, aber wohl auch Grundlage jeder Inkulturation ist.

Außerhalb der Kirchen (und auch darin) gibt es einen Dunstkreis von Christentum. Darin leben die, die sich aus irgendeinem objektiven oder subjektiven oder finanziellen Ärgernisgrund aus der Kirche verabschiedet haben, sowie die, die aus Atheismus, Agnostizismus, anderen Religionen, geerbter Unkenntnis des Christentums „nebenan" leben. Aber mit uns. Nun kann man sie natürlich fragen, ob sie an die Aussagesätze des Credo glauben (können), an Gott, den Schöpfer, an den Sohn, geboren von der Jungfrau, gekreuzigt, begraben, hinabgestiegen, auferstanden, aufgefahren, an den Geist samt heiliger katholischer Kirche. Wer sich in die Menschen im Dunstkreis hineinversetzen kann – oder tatsächlich mit ihnen spricht – wird als Antwort hin und wieder ein klares „Nein!" vermuten oder hören. Öfter wohl die Bekenntnissätze anderer Religionen oder privater Glaubensvorstellungen, natürlich auch Stirnrunzeln, ein „Hä?" und „Ich verstehe das nicht", mehrfach ein „Aber die Kirche!" und „Lass mich damit in Ruhe!". Ehrlich gesagt: Wie sollte man die Credo-Sätze verstehen und annehmen, ohne sie möglichst von Kind an kirchlich sozialisiert zu kennen? Und wer genau „versteht" sie von den Kirchlichen? Es gibt ein weiteres Phänomen neben oder mit Nicht-Glaube und Kirchenabkehr: Weit über die Kirchen hinaus, im „Dunstkreis", bei Nicht- und Anders-Religiösen, wird z. B. das Weihnachtsfest irgendwie gefeiert oder mitgemacht.

Nun muss wirklich niemand den Coca-Cola-Weihnachtsmann als himmlischen Boten begrüßen, aber Adventskranz, Weihnachtsbaum und „Stille Nacht" sind auch nicht des Christentums Zellkerne. Das Phänomen der breiten gesellschaftlichen Teilnahme ist doch wertzuschätzen. Wie auch immer: Ein Grund, gewiss nicht der einzige, für die Fortsetzung des christlichen Festes über die Ränder von Kirchen und definiertem Glauben hinaus dürfte die Erzählkunst, Mitteilbarkeit und nahezu voraussetzungslose Verstehbarkeit oder einladende Zuwendung der Weihnachtsgeschichte des Evangelisten Lukas sein. Die Erzählung steht jedem offen wie der Stall von Bethlehem. Und enthält, mitgelesen und verstanden oder nicht, in wenigen Versen die vollständige Geschichte ihres Protagonisten. Jesus war ja dann auch nicht gerade der Bekenntnisabfrager, aber ein großer Erzähler. Wenn eine Gesellschaft wie die unsere die Geschichte vom barmherzigen Samariter miteinander teilen würde, ohne Copyright und Bedingung erzählt vor den Kirchenmauern, vielleicht auch noch die Geschichte vom reichen Kornbauern, oder die von den Arbeitern im Weinberg mit gleichem Lohn, die Brotvermehrung ...: man könnte auf das Wachsen des Weizens zwischen all dem Unkraut vertrauen. Die Credo-Sätze kamen schon immer später. Worauf kommt es der Kirche, uns, an? Und natürlich auch: Wie stellen wir das an, worauf es ankommt?

14

Werner Höbsch
Verlorene Heimat Kirche

Heimat ist mehr als ein geographischer Ort, ist auch ein Gefühl, ein Erinnerungsort und ein Traum. Heimat löst unterschiedliche Gefühle aus. Für die einen ist sie der Ort, der ihnen vertraut ist, an dem sie sich trotz mancher Differenzen und Spannungen zugehörig erfahren und verstanden fühlen, wo sie sich auskennen. Für andere ist Heimat verbunden mit Enge und Mief, mit Vereinsmeierei und viel zu fest gefügten Ordnungen. Während die einen gerne an diesem Ort bleiben, wollen andere so schnell wie möglich raus.

Heimat ist seit geraumer Zeit wieder zu einem Thema geworden, auch durch die Ankunft von Geflüchteten, die ihre Heimat verloren haben und sich in einer für sie fremden Umgebung neu orientieren müssen. „Ich träume oft von meinem Heimatdorf in Syrien, das zerbombt und zerstört wurde."

In seinem 2021 publizierten Buch „Heimat finden. Vom Leben in einer ungewissen Welt" schreibt Wilhelm Schmid: „Heimat ist überall, wo Beziehung ist" (S. 17). Diese Zuschreibung bringt treffend das aktuelle Dilemma der Kirche auf den Punkt. Viele Getaufte haben keine Beziehung zur Kirche und zu einer Gemeinde. Auf die Frage, was ihre Heimatgemeinde sei, können immer weniger Christ*innen eine Antwort geben. Kirche ist ihnen fremd geworden, sie ist nicht einmal mehr eine „fremde Heimat" (Hans-Joachim Höhn, Fremde Heimat Kirche. Freiburg 2012), sondern überhaupt keine.

Im Jahr 2020 stieg die Zahl der Personen, die aus der katholischen Kirche ausgetreten sind, auf ein neues Rekordhoch. In Köln konnte in der ersten Jahreshälfte 2021 über Wochen kein freier Termin beim Amtsgericht organisiert werden, um den Kirchenaustritt zu erklären, weil der Andrang zu groß war. Die

Kirchenaustritt

katholische Kirche erfährt aktuell die größte Vertrauenskrise in ihrer jüngeren Geschichte. Diese Krise hat zumindest zwei Dimensionen: Die eine zeigt sich in dem durch die Verbrechen des Missbrauchs und der Vertuschung zerstörten Vertrauen in leitende Personen der Kirche. Die zweite Dimension betrifft das Vertrauen in den christlichen Glauben, der an Plausibilität und an Bedeutung verloren hat, nicht nur hinsichtlich einzelner Glaubenssätze, sondern grundsätzlich. Viele Menschen trägt nicht mehr der Glaube an Gott, der Himmel und Erde erschaffen hat, der in Jesus Christus Mensch geworden ist und durch sein Leben und seinen Tod am Kreuz die Menschen erlöst hat, der am dritten Tag auferweckt wurde von den Toten. Das Wort Gottes als lebensförderliche Weisung ist vielen Menschen nicht mehr bekannt. Thomas Großbölting spricht mit Blick auf den Glauben in Deutschland seit 1945 vom „verlorenen Himmel": „Der Himmel als Sinnbild für den Bezug auf eine Transzendenz hat sich nicht aufgelöst, er ist nicht verschwunden. Wohl hat sich seine Bedeutung nicht nur für immer mehr Menschen in Deutschland verändert, in der Tendenz ist der Himmel auch für immer größere gesellschaftliche Zusammenhänge verloren gegangen" (Th. Großbölting, Der verlorene Himmel. Glaube in Deutschland seit 1945, Göttingen 2013, 257). Der Himmel, den das Christentum verkündet, lockt nur wenige hinter dem Ofen hervor.

Frühere Generationen empfanden die Kirche als Heimat, fühlten sich aufgenommen in einem „Haus voll Glorie", das mit seinen dicken Mauern Schutz vor den Stürmen der Welt bot. Diese Sicht und dieses Gefühl werden heute nur noch von einer sehr kleinen Gruppe von Christ*innen geteilt. Das Zweite Vatikanische Konzil hat Kirche als das wandernde Volk Gottes und als Zelt Gottes unter den Menschen bezeichnet. Doch ein Blick auf die Situation der Kirche 2021 erweckt den Eindruck, als sei das Volk Gottes auf unterschiedlichen Wegen zerstreut unterwegs, viele wandern nicht mehr mit, sie sind auf eigene Wege abgebogen. Religiös heimatlos fühlen sich jedoch nicht nur Menschen, die der Kirche den Rücken zugewandt haben, sondern auch zunehmend der Kirche (noch) Zugehörige. „Ich bin in der Kirche nicht mehr zu Hause, fühle mich religiös heimatlos. Ob ich noch lange bleibe, weiß ich nicht." Die einen erfahren diese Heimatlosigkeit als Verlust, fühlen sich als Heimatvertriebene oder Flüchtlinge, andere als Befreiung, sie sind froh, eine bevormundende Enge hinter sich gelassen zu haben. Als befreiend wird die Loslösung aus der Gängelung der Kirche wahrgenommen, als Verlust zuweilen das Fehlen einer Gemeinschaft.

Sind unsere Zeitgenoss*innen weniger religiös als frühere Generationen? Das mag sein, auf jeden Fall sind sie anders religiös. Der Soziologe Hubert Knoblauch sieht einen Trend von der „Religion zur Religiosität". Um religiös zu leben, benötigt eine signifikante Zahl von Menschen nicht mehr das Dach einer religiösen Institution, es reicht das eigene Wohnzimmer.

Als „religiös Heimatlose" werden Menschen verstanden, die sich in keiner Religionsgemeinschaft, in keiner Kirche zu Hause wissen und fühlen, die sich selbst allerdings durchaus als religiös verstehen. Darin unterscheiden sie sich von sogenannten Nichtreligiösen (wie immer diese sich verstehen). Doch was denken und fühlen „religiös Heimatlose"? Mitglieder des Arbeitsfeldes „Geistlicher Kulturwandel" haben im Rahmen des Zukunftsweges des Erzbistums Köln Personen interviewt, die diese Zuschreibung als zutreffend für ihre eigene religiöse Verortung sehen. Zehn Personen im Alter von 24 bis 77 Jahren wurden 2019 befragt, sechs Männer und vier Frauen, bis auf eine Person alle mit höherem Bildungsabschluss (Abitur) und berufstätig. Alle interviewten Personen haben einen katholischen Hintergrund. Die Interviews erheben natürlich nicht den Anspruch, repräsentativ zu sein, aber die einzelnen Statements decken sich mit den Ergebnissen von repräsentativen Studien und spiegeln anschaulich die Meinung einer großen Gruppe religiös nicht gebundener Menschen.

Anlässe und Gründe

Einem Austritt aus der Kirche geht oft eine längere persönliche Geschichte voraus, die Entscheidung wird aufgrund eines konkreten Anlasses getroffen. Klar ist, die „religiös Heimatlosen" sind eine heterogene Gruppe.

Nachfolgend werden Anlässe und Gründe benannt, die Menschen zum Verlassen der Kirche bzw. zur inneren Distanzierung bewogen haben, veranschaulicht durch Zitate aus den Interviews.

- Viele Menschen, die Kontakt zu einer kirchlichen Gemeinschaft hatten, die zur Erstkommunion geführt wurden und oft Messdiener*innen waren, haben ihren (Kinder-) Glauben hinter sich gelassen und damit ihre Beziehung zur Kirche, oder sie haben festgestellt, dass der christliche Glaube nie in ihnen Wurzeln geschlagen hat.

„Ich war mal im Pfarrbüro, hatte da irgendetwas zu bespre-chen, und da war eine sehr nette Pfarrsekretärin, die hatte mich etwas gefragt und dann hat sie zu mir am Ende des Ge-sprächs gesagt, dass ich keine Beziehung zu Gott hätte. Das war die Schlussfolgerung der Frau von dem, was ich gesagt hatte. Da habe ich angefangen, darüber nachzudenken, was das sein könnte: ‚eine Beziehung zu Gott‘, und ich habe festgestellt, ich habe keine.

Es gibt zwar immer wieder Events, wo man einmal in die Kirche kommt – Taufen, Hochzeiten, Beerdigungen –, aber es ist fast immer so, wenn ich die Texte der Lesungen höre oder die Pre-digten, dass ich mich dann frage: Wo bist du hier? Das ist mir so fremd, was da so von sich gegeben wird. Das geht im Prinzip nur dann gut, wenn da mal ein Priester ist, mit dem man es dann einigermaßen aushalten kann. Doch meistens schlage ich nur die Hände über dem Kopf zusammen.“

Weiblich, 60 Jahre

„Ich bin nicht religiös verwurzelt, ich trenne Religion und Kirche. Also, ich kann nicht sagen, es gibt keinen Gott, aber ich kann sagen, er hat mich noch nie berührt. Also ich bin nicht gläubig, hab den Schritt nie vollziehen können. Ich lebe christlich-huma-nistisch, aber nicht religiös.“

Weiblich, 59 Jahre

- Der christliche Glaube und die Lehre der Kirche von der Göttlichkeit Jesu, der Auferstehung, der Erbsünde etc. sind einem großen Teil der Interviewten unverständlich. Die Person Jesus von Nazaret wird von einigen Interview-ten als Mensch geachtet.

„Ich beschäftige mich da [mit dem christlichen Glauben] nicht groß mit. Das ist für mich keine große Sache. Ich überlege gar nicht, ist da Gott oder ist da Gott nicht. Ich gucke auf mein Le-

ben, da mache ich mir nicht so viel aus Gott. Da bin ich zu welt-
lich orientiert.“

Männlich, 24 Jahre

„Die Kirche zu verlassen war für mich ganz elementar, denn was
da zentral an Glaube vermittelt wird, dass es einen Gott gibt, der
alles geschaffen hat, dass es einen Jesus gibt, der für uns am Kreuz
gestorben ist, ist mir völlig fremd. Da habe ich mir gedacht, wenn
das in der Welt schon nicht so einheitlich ist, wenn es so viele Göt-
ter gibt, so viele unterschiedliche Auslegungen [in den Religionen],
dann ist für mich viel wahrscheinlicher, dass diese Ideen etwas
sind, das Menschen gemacht haben, weil sie sich Dinge nicht er-
klären konnten. Und für mich ist es schier unvorstellbar, dass es im
Universum nicht eine Art von Leben gibt. Und da frag ich mich,
wie viele Söhne hat der Gott und wie viele lässt er ans Kreuz na-
geln? […]
Ich sage, ich bin Agnostikerin. Also ich weiß nicht, ob es Gott
gibt oder nicht, Gott interessiert mich nicht.“

Weiblich, 60 Jahre

- Die sexualisierte Gewalt, der Missbrauch von Kindern und Schutzbefohlenen sowie der Umgang mit dem Missbrauch in der Kirche haben einen immensen Vertrauensverlust zur Folge. Selbst treue Katholik*innen kehren in großer Zahl ihrer Kirche den Rücken zu.

„Der Missbrauchsskandal hat mich darin bekräftigt, ausgetreten
zu sein. Das war, bevor die Missbrauchsskandale veröffentlicht
wurden, aber die Art und Weise, wie das vertuscht wurde, da
wäre für mich Schluss gewesen. Dass immer einzelne faule Äpfel
in einer Kiste sind, ist klar, dass aber ein Priester, der sich an Kin-
dern vergangen hat, von einer Gemeinde in die nächste verscho-
ben wird, anstatt dass die Kirche selbst durchgreift! Es wäre ein
besserer Anspruch gewesen, Ermittlungsbehörden einzubeziehen.

155

Das war dann für mich der Punkt, wo ich sagte, jetzt ist damit Schluss."

Männlich, 27 Jahre

• Durchgängig kritisiert wird der Umgang mit Frauen in der Kirche, der sich in der Zurücksetzung von Frauen, etwa im Verbot der Weihe, zeigt und als Festhalten an Machtpositionen einer „Männerkirche" gesehen wird.

„Was ich auch bedenklich finde, ist, dass im Jahr 2019 alle Führungspositionen fast ausschließlich von Männern ausgeübt werden. Das ist für mich als Frau nicht tragbar. Für mich spricht nichts dagegen, dass auch Frauen Priester werden."

Weiblich, 32 Jahre

• Eine Kritik setzt so an: Die Kirche versage sich den Erkenntnissen der Naturwissenschaften, sie sei nicht auf der Höhe der Zeit, nicht im 21. Jahrhundert angekommen. Christlicher Glaube und wissenschaftliches Denken werden als widersprüchlich wahrgenommen. Die Kirche sei in der Darlegung ihrer Lehre Vernunftargumenten nicht zugänglich.

„Wenn ich manchmal Bischöfe sprechen höre, weiß ich, sie sind nicht auf der Höhe der Zeit. Für ihre Ausführungen über Glauben und kirchliche Lehre spielen Erkenntnisse der Naturwissenschaften und der Psychologie keine Rolle. Die Welt der Kirche ist eine andere als die der Wissenschaft."

Männlich, 67 Jahre

• Freiheit als eigenverantwortliches Gestalten des eigenen Lebens wird hoch geschätzt, die Kirche als moralisch direktiv wahrgenommen, was sich besonders an ihrer Sexuallehre und -moral und in ihrer Stellung zur Homosexualität zeige. Die eigene Gewissensentscheidung – besonders in der sexuellen Orientierung – werde nicht akzeptiert.

„Es ist eine Gefühlssache. Man geht in einen Raum, in eine Gruppe, fühlt sich willkommen oder nicht. Ich würde mich willkommen fühlen, wenn da mehr Leute wären wie ich. Das ist ganz klar. Es dürften nicht mehr nur die ganz traditionellen Hausfrauen da sein, die etwa halbtags arbeiten. (...) Ich repräsentiere etwas ganz anderes. Es müssten alle – ob hetero, homo – alle müssten willkommen sein. Es müsste deutlich werden: Wir sind eine Kirche für alle Menschen. "

Weiblich, 53 Jahre

„Ich finde es sehr kritisch, dass die katholische Kirche sehr starke Standpunkte in Bereichen einnimmt, wo ich der Meinung bin, dass die katholische Kirche mir gar nichts zu sagen hat, z. B., dass die katholische Kirche Homosexuelle nicht gleichwertig wie Heterosexuelle behandelt. Aus meiner Sicht ist Liebe Liebe."

Weiblich, 32 Jahre

- Die Kirche wird als stark ausgrenzend und wenig einladend wahrgenommen. Sie präsentiere sich als „closed shop". Nur ein „angepasster Katholik" sei willkommen.

„Es fehlt eine Willkommenskultur in der Kirche, die wirklich alle Menschen einlädt und so wie sie sind annimmt. Immer noch ist die Kirche ein ‚closed shop', Homosexuelle sind nicht willkommen, aber ebenso wenig unverheiratete, kinderlose Frauen über 40 Jahre."

Weiblich, 53 Jahre

- Kritisiert wird die Sprache der Kirche und ihrer Vertreter – besonders in der Verkündigung und der Liturgie, die rätselhaft, veraltet, floskelhaft und weltfremd sei. Die Riten und Rituale werden von vielen nicht mehr verstanden.

„Wir haben eine extrem monarchische, hierarchische und intransparente Kirche. Ich hab es bei einer Firmung gesehen. Ich sag, wie ich es erlebt habe. Die Architektur der Kirche ist wie sie ist. Aber der Bischof kommt herein mit seinem Gewand, mit seiner Mütze und verkörpert damit etwas Monarchisches. Die Messdiener vorneweg, die Diener, die stehen nachher am Altar. Also da stehen drei, vier Männer um den Altar herum. Für mich muss es eine gleichberechtigte Gemeinschaft sein. Es kann nicht sein, dass zum Schluss der Bischof sagt: Als Belohnung dürft ihr zu mir kommen, dürft ihr mich besuchen. Das ist so monarchisch. Firmlinge dürfen den Bischof als Belohnung besuchen, das ist für mich so anachronistisch. Das Christentum sagt: Jesus Christus ist Mensch geworden. Das ist doch der Unterschied zu allen anderen Religionen und daher müsste die Kirche menschlicher werden. Eine Evangelisierung von der Kanzel her, von oben herab, das geht doch nicht mehr.“

Weiblich, 59 Jahre

- Positiv gewürdigt wird von vielen Interviewten das soziale Engagement der Kirche, die Caritas.

„Da, wo ich noch Sympathie für die Kirche empfinde, ist ihr Einsatz im Sozialen, etwa in der Caritas.“

Weiblich, 53 Jahre

- Ein Teil der Interviewten hat sich „spirituell autonom" eingerichtet oder hält Ausschau nach spirituellen Angeboten auf dem religiösen Markt. Entscheidend ist nicht der religiöse Background, sondern die Qualität der Angebote.

„Ich würde mich nicht als ungläubig bezeichnen, ich bin kein krasser Atheist, aber Gott hat in meinem Leben in den letzten 16 Jahren keine Rolle gespielt. Ich habe kein Bedürfnis nach religiösem Leben, bin aber deswegen nicht ungläubig.“

Weiblich, 32 Jahre

„Ich habe einen kleinen Altar, wie so einen Herrgottswinkel. Ich habe ein spirituelles ‚Gedeck‘, meine Ecke. Ich bin eher der Typ, der das alleine praktiziert, etwas, was auf mich zugeschnitten ist, aber mit gleichgesinnten Menschen ist es immer schöner im Gespräch zu bleiben. Da tu ich mich etwas schwerer, weil – so wie ich lebe – ist das nicht die klassische Frauenrolle in der katholischen Kirche, und das macht es, je nachdem wo man hinkommt, etwas schwieriger.“

Weiblich, 53 Jahre

„Das rein Formelle, einer Kirche zugehörig zu sein, spielt für mich keine Rolle. Also, wenn ich austrete, heißt das, diese Institution gefällt mir nicht, aber ich sehe mich nach wie vor als Christ.“

Männlich, 24 Jahre

• Ein Interviewpartner erklärte, er fühle sich in seiner katholischen Heimatgemeinde nicht mehr beheimatet und sei daher zur Piusbruderschaft St. Pius X. gewechselt.

„Wir haben jahrelang dort [in der Kirchengemeinde am Wohnort] versucht, ein Angebot zu initiieren über mehrere Leute im Pfarrgemeinderat. Das wurde damals vom Pfarrer blockiert. Da ist immer viel Halligalli, aber wissen Sie eine Kindergartenmesse, wo anstelle der Lesung ein Theaterstück aufgeführt wird, wo getrampelt und geklatscht wird, das ist einfach kein Angebot, das ansprechend ist. Man kann es auch theologisch diskutieren. Da fehlt einfach der spirituelle Bezug. Die Messe ist ein Herausbrechen aus der Welt, sie ist ein Fenster zum Himmel. Ein kleiner Blick von der Erde ins himmlische Jerusalem. Wenn ich jetzt eine verweltlichte Liturgie habe, dann passt es nicht. Dann ist sie keine Heimat.“

Männlich, 42 Jahre

Was folgt?

Es kann nicht mehr so weitergehen wie bisher. Dieser land-auf, landab zu hörenden Auffassung wird selbst von offiziellen Vertretern der Kirche nicht widersprochen. Aber wie soll es weitergehen? Das verlorene Vertrauen wird nicht von heute auf morgen zurückgewonnen werden, manche sprechen von einem irreparablen Schaden.

Ein Kulturwandel der Kirche ist gefordert, der mehr beinhalten muss als eine strukturelle Verwaltung von Leerständen. Kulturwandel setzt eine Haltungsänderung voraus, die zu einer veränderten Praxis führt. Viele Glaubende empfinden zum Beispiel die Aussage von Bischöfen und Priestern, sie seien Diener des Glaubens, nicht Herrscher über die Gläubigen, als Hohn, wenn diese Diener gleichzeitig darauf beharren, alle Entscheidungen in der Kirche alleine zu treffen und „Laien" lediglich beratende Funktion zubilligen.

Im Folgenden werden thesenartig einige Konsequenzen für die Kirche benannt, die sich aus Gesprächen mit religiös Heimatlosen und deren Aussagen ableiten lassen.

1. Die Kirche muss die Gruppe der „Heimatlosen" in den Blick nehmen.
   Die Heimatlosen sind auch in der Kirche anzutreffen. Wenn Heimat überall dort ist, wo Beziehung ist, liegt es zuerst an der Kirche, eine Beziehung aufzunehmen und nicht zu warten, bis die Heimatlosen von sich aus kommen. Das ist auch ein Ergebnis der Essener Studie „Kirchenaustritt – oder nicht? Wie Kirche sich verändern muss" (Freiburg 2018).

2. Kirche muss ein Ort der offenen Türen sein.
   „Offene Türen" meint nicht nur offene Kirchentüren, sondern eine offene, auf die Menschen hörende Kirche. Eine aufmerksam hörende Kirche wird anders wahrgenommen als eine nur lehrende.

3. Willkommenskultur muss in der Kirche spürbar sein.
   Eine Willkommenskultur basiert auf der Haltung einer aufmerksamen Offenheit für Bekannte und Unbekannte, die signalisiert: „Du bist hier willkommen und gerne gesehen". Diese Haltung findet in der Gestaltung von Räumen und in der Begegnung ihren Ausdruck. Kirchen als religiöse Orte werden nach wie vor von Menschen aufgesucht. Was erfahren Menschen und was sollen sie erfahren, wenn sie eine Kirche betreten?

4. Kirche muss als spiritueller Ort erfahrbar werden.
   Die Kirche muss Zugänge zu spirituellem (Er-)Leben schaffen und ermöglichen. Sie muss auch im spirituellen Leben Zeugnis geben. Papst Paul VI.: „Der heutige Mensch hört lieber auf Zeugen als auf Gelehrte, und wenn er auf Gelehrte hört, dann deshalb, weil sie Zeugen sind" (*Evangelii nuntiandi*, 41).

5. Kirche muss auf Machtausübung verzichten.
   Der Klerikalismus in der Kirche wird genährt von der Konzentration der Macht und Machtausübung der Geweihten in hierarchischer Stufung. Um (wieder) glaubwürdig zu sein, darf das geistliche Amt nicht mit der Ausübung der Macht in der Kirche gekoppelt sein.

6. Kirche muss dialogisch werden.
   Ein ehrlicher Dialog, der mit dem Hören beginnt, ist in der Kirche unbedingt notwendig. (Vgl. Kapitel 11: Werner Höbsch, Dialog, der Weg zum anderen.)

7. Der Glaube muss ins Gespräch gebracht werden.
   Kirche ist nicht um ihrer selbst willen da, sondern als Zeugin einer befreienden Botschaft. Glaubensinhalte müssen dialogisch bedacht und vor der Instanz der Vernunft begründet werden. Es reicht nicht, nur vom Geheimnis zu sprechen. Verweigern Amtsträger das Gespräch über „heiße Themen", verspielen sie weiterhin Kredit und werden als dialogunfähig wahrgenommen.

8. Ein Dialog zu naturwissenschaftlichen und philosophischen Themen muss geführt werden.
   Das Verhältnis von Glaube und Wissenschaft ist in der Moderne ambivalent. Ein Dialog zwischen Naturwissenschaften, Philosophie und Theologie ist unumgänglich. Eine zentrale Frage betrifft das Verhältnis von Glauben und Vernunft.

9. Ökumenische Begegnungen und Initiativen müssen gefördert werden.
   Konfessionelle Milieus haben sich aufgelöst, „das konfessionelle Zeitalter ist unwiederbringlich vorbei" (Kardinal Walter Kasper). Es ist an der Zeit, die Ökumene voranzubringen.

10. Der Dialog der Religionen und Weltanschauungen muss initiiert werden.

In einer Zeit, in der Menschen unterschiedlicher religiöser Beheimatung und weltanschaulicher Ausrichtung Tür an Tür leben, ist der interreligiöse Dialog ein Gebot der Stunde.

Geistlicher Kulturwandel verlangt Mut und Entschlossenheit.

Wie viele Wege weg von Glaube und Kirche gibt es eigentlich? Sehr viele. Und wie viele zurück? Eher weniger. Letztendlich aber gibt es so viele Wege weg von Gott und hin zu ihm, wie es Menschen gibt. Drumherum um die ureigene Entscheidung und Erfahrung kann man aber ein paar Brücken bauen, es Menschen leichter machen, ihre Sprache anstatt der binnenkirchlichen sprechen, kommunikationsfähige Kreise aufbauen, das Internet bestücken, manchmal auch einfach die Liebe machen lassen. Eine Geschichte:

Christoph L.

15

Mein Weg fort vom Glauben und zurück

Freude. Glückseligkeit. Vollkommenheit. Zufriedenheit. Das unbeschreibliche Gefühl, alles im Leben erreicht zu haben, was es zu erreichen gibt.

Das waren die Emotionen, die ich verspürte, als ich mich nach einer langen Zeit von rund 16 Jahren wieder überwunden hatte, ein Gebet zu sprechen. Mein letztes Gebet davor fand meiner Erinnerung nach wahrscheinlich kurz nach meiner Erstkommunion mit acht Jahren statt.

Diese Gefühle machten mich nachdenklich. Gibt es diesen Gott wirklich? Warum fühle ich so? Bin ich verrückt geworden?

Aber zum Anfang.

Ich wurde zu Beginn der 1990er Jahre in Österreich geboren, einem Land, in dem zu dieser Zeit mehr als drei Viertel der Bevölkerung katholisch waren – zumindest laut Taufregister. Sowohl mein Vater als auch meine Mutter wuchsen katholisch auf. Auch mein Werdegang war zumindest bis zu meinem 10. Lebensjahr typisch katholisch. Ich wurde getauft, ging in den katholischen Religionsunterricht, lernte und rezitierte Grundgebete, las biblische Geschichten, legte meine erste Beichte ab und feierte Erstkommunion.

Ich genoss es zwar, in der Kirche Lieder zu singen und fand das Zeremoniell drum herum auch ganz „cool", aber eine wirkliche persönliche Beziehung zu Gott verspürte ich nie. Wenn mich damals jemand gefragt hätte, ob Gott wichtig ist, hätte ich wahrscheinlich mit einem „Ja schon" geantwortet, und: „Wir gehen für ihn ja regelmäßig in die Kirche und singen Lieder über ihn." Wenn man mich allerdings gefragt hätte, ob er mein Freund wäre, hätte ich wohl distanzierter geantwortet: „Naja, nicht so wirklich."

Als ich älter wurde, fing ich an, kritischer über den Glauben zu denken. So stellte ich mir mit etwa 14 Jahren die Frage, warum Menschen Gebete sprechen – Texte auswendig zu lernen und zu rezitieren ist für junge Menschen sicherlich eine förderliche Aktivität für den Aufbau eines Wortschatzes, aber warum machen es auch Erwachsene und ältere Menschen? Ist das nicht reine Zeitverschwendung?

Dazu kam, dass ich mit dem Alter immer mehr Aspekte der Kirche sah, die für mich widersprüchlich waren. Wie passt Nächstenliebe predigen mit Kreuzzügen, Inquisition und den Missbrauchsfällen der letzten 50 Jahre zusammen? Diese Widersprüche machten die Kirche für mich unglaubwürdig.

Viele meiner Freunde und Schulkollegen gingen einen ähnlichen Weg: Taufe, Grundgebete, Beichte, Erstkommunion, eventuell noch Firmung … und dann: Widersprüche, Zweifel, Verwirrung.

Letzten Endes resultierte daraus eine Anschauung, die der Großteil aller 14- bis 24-Jährigen in meinem Umfeld teilte: Die Kirche ist eine antiquierte, nicht zeitgemäße und „uncoole" Institution, mit der man am besten nichts am Hut hat.

Ich ging sogar noch einen Schritt weiter als viele meiner Freunde. Mit 14 Jahren besuchte ich ein naturwissenschaftliches Gymnasium. Ich lernte da, Ereignisse in der Natur mit erstaunlicher Präzision zu erklären, zu beschreiben und vorauszusagen. Zudem hatte ich großes Interesse an Naturphilosophie. Diese Erfahrungen nährten in mir den Gedanken, dass es eigentlich nichts Übernatürliches brauche, um sich die Welt zu erklären. Alles Beobachtbare lässt sich auf rationale Weise mit von Menschen gefundenen und entwickelten Modellen beschreiben und erklären. Und wenn es nicht beobachtbar ist, so ist es für mein Leben wohl auch nicht relevant, da es mit meiner Welt nicht interferiert. Die Schlussfolgerung war für mich: Der Glaube an Gott – egal welchen – ist irrational.

Mit 16 Jahren bezeichnete ich mich fortan als Atheist. Ich las atheistische Literatur, Richard Dawkins „Gotteswahn" und andere Texte des Neuen Atheismus. Darin las ich, dass Glaube und Religion großenteils negative Auswirkungen auf die Gesellschaft haben, dies bestätigte und bekräftigte mein Weltbild.

Mit 18 Jahren entschied ich mich, die letzte Verbindung zur katholischen Kirche zu kappen. An einem warmen, sonnigen Junimorgen beschloss ich feierlich: „Heute ist der perfekte Tag, um aus der Kirche auszutreten!" Wenige Stunden später hatte ich die Austrittsbescheinigung in meiner Hand, fast hätte ich sie eingerahmt und aufgehängt. Zwei Wochen später erhielt ich einen Brief vom Bischof, der mich nur schmunzeln lies. Meine Entscheidung stand fest. Felsenfest.

Fortan war ich ein aus der Kirche ausgetretener Atheist mit der klaren Überzeugung, dass es Gott nicht brauche, um ein sinnvolles und erfülltes Leben zu führen – Humanismus, Naturalismus, Kunst und Wissenschaft reichen aus. So lebte ich sechs Jahre. Ich schrieb mich an der Universität ein, um Physik zu studieren. Damit betraten noch mehr Leute mein Umfeld, die eine ähnliche Weltanschauung wie ich hatten, was mich wiederum in meiner Überzeugung bestärkte. Doch meine Anschauung sollte sich ändern.

Mit 24 Jahren lernte ich eine junge Frau kennen, die es mir ermöglichte, meine Einstellung zur Kirche und zum Glauben in einer neuen Perspektive zu sehen. Sie war praktizierende Katholikin, Mitglied einer Kirchengemeinde, in der sie wöchentlich zum Gottesdienst ging und Kommunionhelferin war. Sie war aktiv in der Kirchenmusik und betete oft. Für mich war das schwer nachvollziehbar, der Großteil der jungen Leute, die ich kannte, wollten mit Glaube und Kirche ja nichts am Hut haben. Mit ihr diskutierte und debattierte ich viel über den Glauben. Was mich faszinierte an ihr waren die Taten und Entscheidungen, die sie in schwierigen Momenten ihres Lebens aufgrund ihres Glaubens getroffen hatte, jeder „normale" Mensch hätte wohl komplett anders gehandelt, dachte ich.

Inspiriert von diesen Taten und Entscheidungen, wollte ich tiefer bohren. Ich wollte verstehen, was genau es ermöglicht, sich in solch misslichen Lebenslagen so zu verhalten, wie es die junge Frau tat. So begann ich das Neue Testament zu lesen. Ich las über das Leben und Wirken Jesu und über die Lehren, die er verkündet hat. Und ich musste mir gestehen – wenn auch widerwillig: viele Dinge resonierten mit mir. Das

Mein Weg zum Glauben und zurück

ließ mich weder an Gott glauben noch wieder in die Kirche eintreten wollen, aber es zeigte mir den christlichen Glauben von einer neuen Perspektive aus, in der ich ihn noch nie betrachtet hatte.

Wenig später entschied ich, mich in einen Alpha-Kurs einzuschreiben. „Alpha" ist ein Angebot, in Gesprächskreisen wo auch immer – in Cafés, Kirchen, Gefängnissen, an der Uni – den christlichen Glauben kennenzulernen. Jedes Treffen beginnt mit einem gemeinsamen Essen, dann ein dreißigminütiger Input, dann Austausch in der Gruppe; mehr Informationen dazu stehen im Internet z. B. auf *https://alpha.at*.

Mit meinem geweckten Interesse wollte ich mehr über diese Seite des Glaubens erfahren. So begab ich mich also als bekennender Atheist zu meinem ersten Alpha-Kurs-Abend, sozusagen in „Feindesgebiet" – und wurde überraschend herzlich und mit Dank willkommen geheißen. Die Art der Willkommenskultur, die ich erfuhr, ist mir bis heute in Erinnerung. Da waren mir komplett fremde Menschen, die sich darüber freuten, dass ich da war, und die mir vermittelten, mich in tiefster Weise kennenlernen zu wollen, ohne dabei eine Rückleistung in irgendeiner Form zu erwarten. Diese Erfahrung stach für mich heraus, da die Willkommenskultur, die ich dort erlebte, diametral zu dem stand, was einem oft im Alltag begegnet. So kann man z. B. auch bei einem Friseurbesuch herzlich willkommen geheißen werden, allerdings ist die Art der Willkommenskultur zu einem großen Anteil transaktional und bedingt durch die Erwartung einer Dienstleistung und deren Bezahlung.

An meinem vierten oder fünften Alpha-Kurs-Abend ging es um das Thema Gebet. Schnell merkte ich, dass ich bei diesem Thema nicht mitreden konnte. Mein letztes Gebet lag ja bereits 16 Jahre zurück. Somit beschloss ich, es nach dem Alpha-Kurs-Abend einfach mal mit einem freien Gebet zu versuchen. Viel mehr als schiefgehen konnte ja wohl nicht passieren. Da saß ich also und versuchte ein Gespräch mit Gott aufzubauen – einen Gott, den ich näher kennenlernen wollte. Was danach geschah, habe ich bereits in den ersten Zeilen dieses Textes beschrieben.

Dies war jedoch nicht meine einzige Gebetserfahrung. Für etwa eine Woche nach diesem Ereignis hatte ich das tägliche Bedürfnis, sofort nach dem Aufstehen etwa eine Stunde Zeit mit Gott im Gebet zu verbringen. In diesen Tagen beschäftigte ich mich auch sehr mit der Frage, was ich denn nun glaube. Mich noch als Atheisten zu bezeichnen kam, so mein Eindruck, einer Selbstlüge gleich.

Nach dem Abschluss des Alpha-Kurses war mir klar: Ja, ich glaube an Gott. Ich bin ihm unendlich dankbar dafür, dass er mich erschaffen hat, und unendlich dankbar für alles, was er mir geschenkt hat.

Damit ging auch bald der Wunsch einher, wieder in die Kirche eintreten zu wollen. Nach der wohl längsten Beichte meines bisherigen Lebens unterschrieb ich feierlich meinen Wiedereintritt während des Zeremoniells einer Hl. Messe. Seitdem bezeichne ich mich als praktizierender Katholik.

Meinen Weg fort vom Glauben, den ich in diesem Text aufzeichne, ist in der katholischen Kirche Deutschlands und Österreichs kein Einzelfall. Immer mehr Menschen treten aus der Kirche aus, es gibt immer weniger Taufen, Firmungen, Priesterweihen und katholische Trauungen. Die Kirche schrumpft.

Meine Geschichte zeigt aber auch auf, dass dies kein Grund zum Verzagen ist. Gott hat uns den Heiligen Geist geschenkt und uns dazu entsandt, durch ihn die Herzen unserer Mitmenschen zu berühren und jene zu ihm zu bringen, die ihn (noch) nicht kennen. So hoffe ich, dass meine Geschichte als Inspiration für jene dienen kann, die mit dem Glauben oder der Kirche hadern, oder die damit betraut sind, solche Menschen zu begleiten.

Religion ist einer säkularen Gesellschaft eine Ressource der Sinnstiftung. Der immer sensible und feinsinnige Jürgen Habermas hat das mit Respekt für die Religion herausgearbeitet und auch, dass die Gesellschaft und der Staat selbst dafür keinen Ersatz bieten können. Religionsvertreter*innen greifen das oft dankbar auf. Allerdings zapft der Philosoph diese Quelle für sich persönlich nicht an und sagt, ihm fehle das Talent dafür. Das mag sich wie die Anerkennung und sogar Freude auch Unmusikalischer an Mozart oder Beyoncé verhalten. In diesem Sinne dürfte es viele und immer mehr „religiös Unmusikalische" geben. Der Sinn, den die Religion für jeden Menschen und „in allem" vermutet, dürfte den „Untalentierten" schwer in ihr Leben einzupflanzen sein. Warum auch sollte jede*r ein religiöser Virtuose werden? Oder sein wollen? Trotzdem kann man versuchen, den Sinn darzulegen, denn Sinn und Verstand gehören ja zusammen, damit auch andere ihn verstehen und achten können. Verständigen sollte man sich aber auf jeden Fall über das gemeinsame Interesse an einer solidarischen Gesellschaft, für deren Sinn und Zweck die Religion ja eine unerschöpfliche Energieressource bereithält.

16

Markus Roentgen
Der Sinn in allem

Im Einheitsvollzug
ist die Seele irgendwie
alles mit allem

Jürgen Habermas hat in einem Diskurs mit Jesuiten in München, herausgegeben unter dem Titel: „Ein Bewusstsein von dem, was fehlt", bewegend geschildert, wie ihm bei der Trauerfeier zum Tod seines Freundes Max Frisch bewusstgeworden sei, dass dem aufgeklärt nachmetaphysischen Menschen – ihm, dem religiös „Unmusikalischen" – im Angesicht des Todes etwas fehle. Die Trauerfeier am 9. April 1991 in der Stiftskirche St. Peter in Zürich fand zwar in einem Kirchengebäude statt – und auch in der Legitimität derer, die für dieses Haus Verantwortung tragen –, aber auf ausdrücklichen Wunsch von Max Frisch ohne jedes religiöse Zeremoniell. Keine Geste, kein Gebet, kein Segen. Nur einige Reden. Die Asche später irgendwo verstreut.

Auf der einen Seite die Bereitwilligkeit der Leitung dieser Kirche, dem Wunsch Frischs nach einer Trauerfeier in diesem religiös geprägten Raum der Stadt zu entsprechen; auf der anderen Seite ihr völliger Verzicht, daraus auch einen religiösen Mindestanspruch für den Ablauf der Feier zu fordern.

Habermas ging in diesem Zusammenhang auf, dass sich hier etwas wie ein Spalt öffne – im Gespräch oder im Aneinander-Vorbei von Religion und säkularer bzw. postsäkularer Gesellschaft.

Mir stellt sich die Frage, ob Religion und Spiritualität nur für das vielleicht gerade noch gelten soll, was uns Menschen unverstehbar, unbegreifbar, unwissbar bleibt: das Geheimnis des Todes, das Geheimnis der Liebe …

„Und das Geheimnis der Liebe ist größer als das Geheimnis des Todes", singt Salome in Strauss' gleichnamiger Oper zum Ende, zu ihrem Ende hin; ein Text des Oscar Wilde.

Ist der Kern von guter Gottrede, von alltagsdurchdringender Spiritualität, von gottverbundenem Leben nicht das Mehr, das *Magis*, welches alles angeht, unbedingt angeht (Paul Tillich)? Und damit ein immer mehr liebender Mensch zu werden aus dem Erst- und Letztvertrauen, der Gewissheit von Zufallslosigkeit, daraus dem Trost des Nichtvergeblichen: Nichts geschieht ins Nichts. Also ist Sinn.

Die subjekthafte Idee sinnvollen Lebens macht den Menschen aus, der als Subjekt sich zu sich verhält, indem er sich zu anderem und anderen verhält. Darin ist das Wesen der Wirklichkeit der Sinn.

Ohne Sinn ist nichts wirklich. Ist aber Sinn, so hat jedes Partikel, jedes elementare Teil Anteil am universalen Sinn.

Der Anfang des Johannesevangeliums (Joh 1, 1) konstituiert diesen Sinn durch das Wort: „Im Anfang war das Wort." In diesem Satz wird das göttlich Inkarnierte, das allem Geschaffenem Innewohnende des Logos zum Benennenden von allem. Im Benennen wird alles wirklich, wird jedes Etwas einbezogen in einen universalen Sinn.

Das Auseinanderfallen der Sprache in isolierte Wortstücke ist viel später. Die Wortskepsis des *„words, words, words"* (Shakespeares Hamlet) zollt einen Tribut an die Technik der funktionalen, der gemachten Versatzstück-Sprache.

Die ursprünglichen Worte umkreisen stets das universale Ganze. Das Wort in den Worten lebt, indem es sich dehnt und streckt nach den Kohärenzen, den Verbindungen, dem Zusammenfinden in den Wort-Organismus. Das Wort in den Worten sucht das Integrale, nicht die Vereinzelung.

Es sehnt sich darin nach dem Vollständigen, es ersehnt den Sinn, das Sinn-Werden. Solches Wort in den Worten ist das, was Poesie, was Dichtung sagen will.

Fabel, Geschichte, Erzählung, Poem, Gesang, Lied, Gedicht, selbst noch in der schmerzhaften, der sprachwunden Formung, kommen, auch negativ, aus der tieferen, vielleicht mythologischen Erfahrungsüberzeugung eines absoluten Sinnes im Anfang zum Ende hin. Die Worte finden darin wieder ihre Orte, gravitieren, vom Sinn angezogen. Dadurch werden wir Menschen in die eine Aktivität des Wirklichen hineingezogen, die wir – auch – Gott nennen können.

Sprachskeptisch wird das Wort als schattenhaft, nahe dem Unwirklichen bezeichnet. Die Dichtung, die Poesie aber wortet anders: Darin ist und wird die Wirklichkeit zum Schatten des Wortes.

Und noch weiter: Michel Foucault hat in seiner bedeutenden Antrittsvorlesung: „Die Ordnung des Diskurses" (Frankfurt/M. 11/2019, S. 19) auf den Befund des Pioniers der Psychiatrie Pierre Janet hingewiesen. Mich bewegt dessen Einsicht über einen Kranken sehr: der Kranke, dem jede geringste Aussage gleichsam Wort des Evangeliums war, unerschöpflichen Sinn barg, um endlos wiederholt und kommentiert zu werden. Der „Kranke" sagte: „Wenn ich nur daran denke, dass dieser Satz in die Ewigkeit eingeht und dass ich ihn vielleicht noch nicht verstanden habe."

Ich denke: Ist dieser anscheinend Wahnsinnige, von der Institution als solcher deklarierte Mensch, nicht der verborgen wirkliche und tief mystische Theologe, der viel mehr ahnt und vernimmt und sieht als wir „normalen" Theologen und nur scheinbar Souveräne des Diskurses, die „Gott" und die „vermeintlich" heiligen Schriften in ihre Denk- und Vorstellungskästen zwängen?

Das Gesagte anders, in einem Haiku gesagt:

Öffne den Rahmen
und vernimm, es gibt ihn nicht
es ist nur deiner

So wäre Denken in seiner Tiefenweitung Erforschung des unverfügbaren und unermesslichen Wortes, das im Anfang das Ende enthält und welches das Ende im Anfang voller Zuversicht als Fülle des Sinns schon ahnend vernimmt.

Mit das Schönste an Christentum und Kirchen ist die reiche Tradition an Geschichten, geistlichen Lehrer*innen, Heiligen (und Unholden), Mystik, spirituellen Weisheiten und Schulen, übermittelten Gottes- und Menschenerfahrungen. Da kann jede*r in jeder nur möglichen Lage etwas für sich Sinnvolles und Hilfreiches finden, also gibt es neben viel Harmonischem auch seltsam Ungereimtes oder sogar Widersprüchliches. Weil die Leben so sind. Der Eindruck, der Glaube sei vor allem ein stringentes Lehr- und Moralgebäude, dessen in Glaubensbekenntnis und Katechismus klar definierten Bausteinen ebenso eindeutig zuzustimmen wäre, sonst müsse man das Gebäude eben verlassen, stimmt so nicht, wenn er auch nicht zufällig oder ganz falsch ist. Diesen reichen Erfahrungsschatz mehr zugänglich zu machen, kann für sehr viele Menschen lebensnützlich sein. Ein Werkzeugkasten mit geistlichen Hammer und Zange, sanftem Schmirgelpapier, grobem Hobel, Bohrer, Nägeln, Schrauben, Klemmen, Wasserwaage für allzeit anfällige Reparaturen und Erneuerungen im Leben. Es gibt einen Prototyp.

Johanna Domek OSB

Die Anschaffung
eines spirituellen Toolkoffers

17

Manche Texte sind echte Fundgruben. Die Benediktsregel ist eine solche. Geschrieben von Benedikt von Nursia (480-547) im 6. Jahrhundert für die Mönche seines eigenen Klosters, hat sie im Mittelalter eine enorme Breitenwirkung entfaltet. Sie hat nicht nur das Leben in vielen Klöstern geregelt, sondern auch Kinder erzogen, Fürsten geprägt, Kultur geschaffen. Heute leben auf allen Kontinenten Männer und Frauen in benediktinischen Gemeinschaften, die sich an ihr für ein dem Evangelium gemäßes Leben orientieren. Basierend auf den spirituellen Überlieferungen des alten Mönchtums und der frühen Kirche hat sich die Benediktsregel in all den verschiedenen Epochen und Kulturen sowohl für einzelne Menschen wie für Gruppen als ebenso anpassungsfähig wie inspirierend erwiesen.

Benediktsregel, Kapitel 4:
Die Werkzeuge der geistlichen Kunst

Das vierte der insgesamt 73 Kapitel dieser Regel trägt den Titel *„Quae sunt instrumenta bonorum operum"*, „Die Instrumente der guten Werke", was oft auch übersetzt wurde mit „Die Werkzeuge der geistlichen Kunst". Benedikt hat dieses Kapitel hauptsächlich einer anonym verfassten und überlieferten lateinischen Mönchsregel aus dem 6. Jh. entnommen. Dem Text liegt eine altkirchliche Moralkatechese für Laien nach der Taufe zugrunde. Ging es vor der Taufe um die Grundlagen christlichen Glaubens, so geht es nach ihr um die praktische Einübung eines christlichen Lebensstils. 74 Werkzeuge werden uns da an die Hand gegeben, nicht alle auf einmal, das versteht sich. Denn wer – auch mit guten Sachen – zu viel gleichzeitig machen will, schafft gar nichts richtig. Der alte Text lautet:

1. Vor allem: Gott, den Herrn, lieben mit ganzem Herzen, ganzer Seele und mit ganzer Kraft. (Dtn 6,5)
2. Ebenso: Den Nächsten lieben wie sich selbst. (Mk 12,30-31; Lev 19,18)
3. Dann: Nicht töten. (Ex 20,13)
4. Nicht Ehe brechen. (Ex 20,14)
5. Nicht stehlen. (Ex 20,15)
6. Nicht begehren. (Ex 20,17)
7. Nicht falsch aussagen. (Ex 20,16)
8. Alle Menschen ehren. (1Petr 2,17)
9. Und keinem anderen antun, was man selbst nicht erleiden möchte. (Tob 4,16)
10. Sich selbst verleugnen, um Christus zu folgen. (Mt 16,24)
11. Den Leib in Zucht nehmen. (1Kor 9,27)
12. Sich Genüssen nicht hingeben.
13. Das Fasten lieben.
14. Arme bewirten. (Mt 25,35)
15. Nackte bekleiden. (Mt 25,36)
16. Kranke besuchen. (Mt 25,36)
17. Tote begraben. (vgl. Tob 2,7-9)
18. Bedrängten zu Hilfe kommen.
19. Trauernde trösten.
20. Sich dem Treiben der Welt entziehen.
21. Der Liebe zu Christus nichts vorziehen.
22. Den Zorn nicht zur Tat werden lassen.
23. Der Rachsucht nicht einen Augenblick nachgeben.
24. Keine Arglist im Herzen tragen.
25. Nicht unaufrichtig Frieden schließen.
26. Von der Liebe nicht lassen.
27. Nicht schwören, um nicht falsch zu schwören. (Mt 5,34)

28. Die Wahrheit mit Herz und Mund bekennen.
29. Nicht Böses mit Bösem vergelten. (1 Petr 3,9)
30. Nicht Unrecht tun, vielmehr Erlittenes geduldig ertragen.
31. Die Feinde lieben. (Lk 6,27)
32. Die uns verfluchen, nicht auch verfluchen, sondern – mehr noch – sie segnen. (Lk 6,28; 1 Petr 3,9)
33. Verfolgung leiden um der Gerechtigkeit willen. (Mt 5,10)
34. Nicht stolz sein, (Tit 1,7)
35. nicht trunksüchtig, (1 Tim 3,3)
36. nicht gefräßig,
37. nicht schlafsüchtig, (Spr 20,13)
38. nicht faul sein. (vgl. Spr 6,6-11)
39. Nicht murren. (Weish 1,11)
40. Nicht verleumden.
41. Seine Hoffnung Gott anvertrauen. (Ps 73,28)
42. Sieht man etwas Gutes bei sich, es Gott zuschreiben, nicht sich selbst.
43. Das Böse aber immer als eigenes Werk erkennen, sich selbst zuschreiben.
44. Den Tag des Gerichtes fürchten.
45. Vor der Hölle erschrecken.
46. Das ewige Leben mit allem geistlichen Verlangen ersehnen.
47. Den unberechenbaren Tod täglich vor Augen haben.
48. Das eigene Tun und Lassen jederzeit überwachen.
49. Fest überzeugt sein, dass Gott überall auf uns schaut. (Spr 15,3)
50. Böse Gedanken, die sich in unser Herz einschleichen, sofort an Christus zerschmettern und dem geistlichen Vater eröffnen. (Ps 137,9)
51. Seinen Mund vor bösem und verkehrtem Reden hüten.
52. Das viele Reden nicht lieben.
53. Leere und zum Gelächter reizende Worte meiden.
54. Häufiges oder ungezügeltes Gelächter nicht lieben.

55. Heilige Lesungen gerne hören.
56. Sich oft zum Beten niederwerfen.
57. Seine früheren Sünden unter Tränen und Seufzen täglich im Gebet Gott bekennen;
58. und sich von allem Bösen künftig bessern.
59. Die Begierden des Fleisches nicht befriedigen. (Gal 5,16)
60. Den Eigenwillen hassen.
61. Den Weisungen des Abtes in allem gehorchen, auch wenn er selbst, was ferne sei, anders handelt; man denke an die Weisung des Herrn: (Mt 23,3) „Was sie sagen, das tut; was sie aber tun, das tut nicht."
62. Nicht heilig genannt werden wollen, bevor man es ist, sondern es erst sein, um mit Recht so genannt zu werden.
63. Gottes Weisungen täglich durch die Tat erfüllen.
64. Die Keuschheit lieben.
65. Niemanden hassen.
66. Nicht eifersüchtig sein.
67. Nicht aus Neid handeln.
68. Streit nicht lieben.
69. Überheblichkeit fliehen.
70. Die Älteren ehren,
71. die Jüngeren lieben.
72. In der Liebe Christi für die Feinde beten. (Mt 5,44)
73. Nach einem Streit noch vor Sonnenuntergang zum Frieden zurückkehren. (Eph 4,26)
74. Und an Gottes Barmherzigkeit niemals verzweifeln.
75. Das sind also die Werkzeuge der geistlichen Kunst.
76. Wenn wir sie Tag und Nacht unaufhörlich gebrauchen und sie am Tag des Gerichts zurückgeben, werden wir vom Herrn jenen Lohn empfangen, den er selbst versprochen hat:
77. „Was kein Auge gesehen und kein Ohr gehört hat, hat Gott denen bereitet die ihn lieben." (1Kor 2,9)

78. Die Werkstatt aber, in der wir das alles sorgfältig verwirklichen sollen, ist der Bereich des Klosters und die Beständigkeit in der Gemeinschaft.

Werkzeugkiste oder Toolkoffer

Etwas gut zu erarbeiten bedeutet meistens, geduldig dranzubleiben, weiterzuarbeiten, und immer das jetzt passende Werkzeug zu nehmen und zu benutzen. Darum ist es hilfreich, nicht nur viele Werkzeuge, sondern auch einen guten Werkzeugkasten zu haben, in dem sie je nach Bedarf griffbereit liegen.

Geistlicher Toolkoffer

In Kursen zur benediktinischen Spiritualität, die ich mit leite, regen wir die Teilnehmenden oft dazu an, sich in einem Heft oder auf Karteikarten ihren eigenen spirituellen Werkzeugkasten oder Toolkoffer, wie das heute viele nennen, zusammenzustellen. Wir empfehlen ihnen zu sammeln, was ihnen praktisch hilft im geistlichen alltäglichen Leben, und griffbereit zu halten, wenn sie dies oder jenes brauchen. Das können eigene Gedanken oder Erkenntnisse sein, andere Texte, die man hilfreich fand, Anregungen eben, die sie behalten wollen, auf die sie in konkreten Begebenheiten zurückgreifen wollen.

Die Arbeit an Haltungen ist die Basis für das Engagement in Handlungen

Wichtig ist dabei der Grundgedanke: Die Arbeit an Haltungen ist die Basis für das Engagement in Handlungen. Also immer: Haltung kommt vor Handlung. Das gilt sowohl im Blick auf mich selbst wie auch in den Gruppen, in denen ich mit anderen zusammenkomme. Eine gute Vorbereitung für gemeinsames Arbeiten wäre die Verständigung auf ein paar solcher Werkzeuge, mit denen wir gemeinsam an einer Sache arbeiten wollen. Und dann kommt es natürlich darauf an, damit praktisch ans Werk zu gehen. Wir wissen doch, eine gute Spiritualität erweist sich daran, ob sie für die Lebenspraxis taugt – für meine wie für unsere.

Schöne Erinnerungen können ein ganzes Leben mit Freude nähren und eine Grundzuversicht bilden, auch wenn es mal dicke kommt. Jugend in der Kirche ist also etwas anderes und mehr als eine nur mit spezifischen pastoralen Methoden zu bearbeitende Klientel. Natürlich braucht es Aufmerksamkeit für sie und ihre Lebensart, Überlassen von Räumen und Gelegenheiten, Respekt vor ihrer Eigenständigkeit, neidlose Mitfreude an ihrem Spaß. Und Hören auf ihre prophetische Stimme.

Susanne Breyer

Gemeinschaft und Abenteuer

Mit sechs Jahren wurde ich Pfadfinderin und bin es heute noch. Die schönsten Gottesdienste erlebte ich in meinem Verband, eng verbunden mit dem intensiven Empfinden von Gemeinschaft. Darin gründen die Wurzeln meines Glaubens, sie sind tief und tragfähig. In der Rückschau kann ich das so benennen, in meiner Kindheit waren die vielen Gruppenstunden und vor allem die Sommerlager einfach ein großes, wunderbares, ewiges Abenteuer.

Schon als Jugendliche, als eine der Älteren unseres Pfadfinderstamms, war es mir ein selbstverständliches Anliegen, an Jüngere weiterzugeben, was ich selbst und viele andere so positiv erlebt und erfahren hatten. Gerade 18 Jahre alt geworden übernahm ich die Leitung eines Wölflingrudels, also einer Kindergruppe von Pfadfinder*innen zwischen sechs und neun Jahren. Meine Aufgabe war, den Kindern Werte zu vermitteln, ihnen Gemeinschaft und „Abenteuer" zu ermöglichen, ihnen den christlichen Glauben erlebbar zu machen. Wenige Jahre später engagierte ich mich auf den Leitungsebenen des Verbandes, organisierte ein großes Sommerlager für Wölflinge und ihre Leiter*innen aus vielen Stämmen in der ganzen Diözese mit. Mehr als 200 Kinder und Erwachsene kamen auf einem Zeltplatz in Luxemburg zusammen: Abenteuer, Gemeinschaft, Glauben erleben.

Bei den Pfadfinder*innen gibt es Spielgeschichten; das sind Geschichten, deren Rahmen schon vor Aufbruch in das Lager erzählt und deren Inhalte und Ereignisse über die Ferienzeit gespielt und erlebt werden. Unsere Spielgeschichte in Luxemburg handelte von den Tohuwöbohus, die in einem Land leben, in dem es Bonbons regnet, Zuckerwatte an den Bäumen wächst, gebratene Hähnchen durch die Luft fliegen und in dem ein Bach aus Limonade fließt. Ein Schlaraffenland also. Die Wölflinge kamen nun in diesem Land an und erwarteten das Erzählte. Aber da flogen keine gebratenen Hähnchen, wuchsen keine bunten Weingummiblumen, der Limonadenbach war offenbar versiegt. Was war denn da los?! Die Wölflinge besprachen ihre Beobachtungen mit den Leiter*innen und alle gemeinsam überlegten, was zu tun sei. Schnell war klar: Die Wölflinge wollten der Sache auf den Grund gehen. Vorsichtig nahmen sie Kontakt zu den Tohuwöbohus auf, die sie in der Umgebung suchend aufgespürt hatten, und fanden heraus, dass deren Gemeinschaft im Streit zerbrochen war. Dadurch haben sie sich zurückgezogen, das Land, die Tiere und Pflanzen haben darauf reagiert, der Limo-Bach trocknete aus, die Zuckerwatte verschwand von den Bäumen … Natürlich wollten die Wölflinge den Tohuwöbohus helfen, sich wieder zu vertragen und als Gemeinschaft zu leben, dann würden doch sicher auch die Brathähnchen und die Süßigkeiten in das Land zurückkehren. Der Plan ging auf. Spielgeschichte und

Aus Spaß an der Freud!

Sommerlager waren entsprechend gestaltet. Beim rauschenden Abschlussfest flogen tatsächlich gebratene Hähnchen – an einem Seilzug – durchs Essenszelt.

Für alle, die Kinder und die Leiter*innen, auch für uns vom Orga-Team, war das Sommerlager ein unvergessliches Abenteuer. Dazu gehörte selbstverständlich ein Gottesdienst. Wir hatten großes Glück und konnten einen Priester dafür gewinnen, der bereit war, den Gottesdienst kindgerecht vorzubereiten und eingebettet in die große Spielgeschichte zu gestalten. Dadurch gelang ein insgesamt stimmiges Erlebnis für alle. Und der Gottesdienst selbst stiftete Gesprächsthemen für den weiteren Verlauf des Lagers, er gehörte völlig selbstverständlich zum Gesamterlebnis, zum Thema, zum Fortgang der Geschichte und ihrer konkreten Umsetzung durch die Kinder. Wenn sie über die Erzählung und ihre Erfahrungen damit sprachen und wie es weitergehen soll, sprachen sie auch über den erlebten Gottesdienst. Also über ihren Glauben. Er war einfach präsent.

Ich glaube, solche Erlebnisse legen den Grundstein für Vieles im Leben der teilnehmenden Kinder, auch dafür, dass der Glaube ins Leben integriert wird und sich als tragfähig, also hilfreich erweist. Nicht zuletzt auch dafür, dass von Kindheit an eine natürliche Sprache für den Glauben mitwächst, verbunden mit den positiven Erlebnissen und gewonnenen Einsichten, die man sowieso gerne erzählt und die auch die Lust schüren, den eigenen Glauben – vielleicht auch zuerst im Kinder- und Jugendverband – weiterzuerzählen und weiterzugeben.

Später habe ich mich im Bund der Deutschen Katholischen Jugend (BDKJ) engagiert, in dieser Zeit wurde dort die „Theologie der Verbände" entwickelt. Es entstand ein Text („Der Anteil der Verbände an der Sendung der Kirche – Beitrag zu einer Theologie der Verbände". Hrsg. Bundesvorstand des Bundes der Deutschen Katholischen Jugend, BDKJ; im Internet steht der Text auf der Seite des BDKJ: www.bdkj.de), der der Frage nach der Verortung der katholischen Kinder- und Jugendverbände in der Kirche nachgeht, er rückt ins Licht, welchen Anteil sie an der Sendung der Kirche haben. Den Kinder- und Jugendverbänden wohnt eine prophetische Kraft inne. Die Kinder und Jugendlichen in ihnen bestehen – viel mehr als die meisten Erwachsenen – auf der radikalen Einheit von Wort und Tat, worauf zu achten der Kirche sicher angemessen ist.

Mir persönlich ist eine Aussage des Textes besonders wichtig: „Als Teil des wandernden Gottesvolkes sind die katholischen Kinder- und Jugendverbände Kirche, die sich ereignet" (S. 23). Aber sie sind nicht irgendein und irgendwie Teil des Gottesvolkes, sondern konkret so: „Was Menschen mitbringen, nämlich Freiwilligkeit und Ehrenamtlichkeit, und wie Menschen zusammenwirken, nämlich partizipativ, selbstorganisiert, demokratisch und geschlechtergerecht, mit Aufmerksamkeit für unterschiedliche Lebenswelten, die Gleichheit aller und die Einheit von Wort und Tat, ist Ausdruck der Identität der Kinder- und Jugendverbände: Auf diese Weise sind sie sichtbare Kirche und Teil des Volkes Gottes, auf diese Weise leben sie die Prophetie für das Reich Gottes" (ebd.).

Was in diesem Text theologisch ausgesagt wird, habe ich als Kind, Jugendliche und junge Erwachsene erlebt und viele andere vor, mit und nach mir. Die Jugendverbände tragen zur Beheimatung im Glauben wesentlich bei. Sie können Kirche und Gemeinde für junge Menschen sein – und sind es für viele vielerorts. Ohne diese Erfahrung wäre ich vermutlich nicht mehr „dabei", sie ist ein starkes Band, das mich mit meiner Gemeinde verbindet.

Camus' „Die Pest" wurde in der COVID-19-Pandemie auf einmal wieder tausendfach gekauft. Vieles muss sich bewähren in der Krisenzeit, wohl nicht vor allem, aber auch die Menschlichkeit des Glaubens. Die erste Antwort geben die Glaubenden, die Menschen auf Intensivstationen und im Sterben wenn irgend möglich aufsuchen und begleiten, auch, wenn es mit einem Risiko für sie selbst verbunden ist. Dann jedes Engagement im medizinischen, pflegerischen, sozialen, familiären und nachbarschaftlichen Bereich. Also nächstenliebende Praxis, die nicht nur christlich Glaubende auszeichnet, denen dazu aber eine starke Motivation zuwächst. Die weiteren Antworten, und da kommt etwas unbequem Camus ins Spiel, sind redliche Versuche „in der Theorie", theologisch und glaubend mit der Menschheitsgeisel klarzukommen. Wie steht es um die Menschlichkeit Gottes? Zwischen denen, die sich ihm in einem Urvertrauen betend – gar nicht „unpraktisch" – überlassen, und denen, die womöglich aus einem empathischen Blick auf die Erstickenden skeptisch bleiben, können durchaus breite Gräben aufreißen. Ist denn Religion das im Gebet geborgene Einverständnis mit letztendlich allem, was ist? Menschen sind verschieden, ihr Gebet ist es auch, Gott hält das aus, Camus ist in der Pandemie auch für Christ*innen immer noch eine lohnende Lektüre, alles okay. Solange die Liebe praktisch bleibt.

19

Markus Roentgen
Gott vertrauen in der Zeit der Pandemie

„Gott hat die Ewigkeit in alles hineingelegt" (Kohelet 3,11). Wenn der außerordentliche Vers aus dem biblischen Weisheitsbuch Kohelet in mir Annahme findet, zunächst im Geist, dann in allem Leben, Lieben, Krankheit, Leiden, Sterben bis in den Tod, dann ist auch in der Corona-Epidemie nach Gott zu suchen, mit allen Kräften des Denkens und der Sinne. Ist er darin zu finden? Es ist zu früh, hier zu einer Prognose zu kommen, die das *Wie* fixiert, da ist Demut nötig.

Abwegig scheinen mir alle apokalyptischen Gewissheiten zu sein, die kursieren, in Richtung Strafe Gottes, Menschheitsdämmerung, Weltenende.

Gott ist treu, das ist die Mitte der Heiligen Schrift.

Mir erscheint wesentlich, täglich neu zu beginnen in der geistlichen Übung, die ein Leben lang dauert, Gott wirklich zu vertrauen, dass er wirkt in allem und in allen, geheimnishaft, aber lebendig da!

„Gott, du absoluter Grund unseres Seins." So kann das tägliche Beten beginnen. Um daraus, aus diesem Vertrauen, in der suchenden Anwendung unserer Sinne, in die diskrete Bewegung des Gott-Findens zu gelangen. Wahren und wahrnehmen, wie Gott unsere Mitarbeit in der einen Aktion, die das Universum ist, einbezieht.

Das betrifft viele von uns jetzt – in den Einschränkungen der Pandemie – neu, und die Frage wird neu wach: Wer bin ich, wenn ich nicht mehr tun kann, was ich sonst jahraus, jahrein und Tag für Tag gewohnt war zu tun?

Ist es, wenn ich nun erkranke, möglich, wie es Ignatius von Loyola in seinen Satzungen unter Nummer 272 schreibt, die

Gott vertrauen

Krankheit nicht weniger als die Gesundheit als ein Geschenk zu erfahren ins Umfassendere und Größere Gottes, in seine Ewigkeit, die in allem liegt? Denn weder Krankheit noch Gesundheit sind die allererste und allerletzte Wirklichkeit. So gut gemeint es ist, wenn täglich der Mantra-Satz zugesprochen wird: „Bleiben Sie gesund!", wenn die Gesundheit zum „Goldenen Kalb" wird, sitzen wir einem Götzen auf.

Dagegen kann in allen Ängsten dieses Mehr an Vertrauen, dass Gott in allem lebt und wirkt, auch durch das Virus hindurch mich zu größerem Gleichmut bewegen, der alles andere als Gleichgültigkeit ist. Ich kann dann in diese Haltung finden:

Bete, als hinge alles von dir selbst ab.
Handle, als hinge alles von Gott ab.

Diese Spannung aber ist täglich in einen Unterscheidungsprozess zu bringen, was jetzt im Beten von mir zu verantworten ist, was ich in meinem Einsatz für das Leben in allen Zusammenhängen dagegen Gott überlassen darf, kann, letztlich muss. Darin kann Frieden einkehren – an jedem Abend des Tages, im Leben von Tag zu Tag. Ich werde großmütig und relativiere meine Fixierung auf meine Leistungen. Was ich tue ist immer sekundär im Bezug zu meiner von Gott her größer geschenkten Einheit. In meinen Ängsten, meinen Verdunkelungen, meinem Hader und Zweifeln, meinem Unvertrauen in meinem Vertrauen jeweils das Mehr Gottes zu erahnen, darin bin ich der unendlich geliebte Mensch in der Kirche der Menschheitsfamilie, in der Gemeinschaft der Lebenden und Verstorbenen: Ich vertraue dir, Gott allbarmherzig. Gott, du mein Alles.

Ich überlasse es dir, Gott, wofür ich mich jetzt einsetzen soll. Ich bete mit weit geöffneten Armen, dass ich meinen Einsatz jetzt finde in der Zeit der Epidemie, im dienenden Handeln, im aufrichtenden Wort, im hörenden Beten.

Ich binde mich nicht an meine Aufgabe, als wäre ich ihr völlig untertan.

Mein innerster Kern lebt aus der tief-weiten Gottverbundenheit, in der ich ein immer liebenderer Mensch werden kann im alltäglichen Dienst in der einen universalen Aktion Gottes, in der auch Corona nur ein Teil ist.

Das alles poetisch in ein Haiku gebracht:

Gott allein erhält
und lädt uns zum Mittun ein
aus Vertrauen ganz

Klimawechsel im Klimawandel. Wenn die Kirche sich wandeln möchte und tatsächlich verändert, wird sie sich in dieser Bewegung auch dem zuwenden, was für Menschen und Schöpfung notwendig ist. Keine Frage: Der Klimawandel fordert auch Glaubende und die Kirche zu einem entsprechenden Verhalten heraus, also zu Veränderung und Umkehr. Werkzeuge gibt es viele, „anpacken und mitmachen" kann auch Spaß machen. Nicht zuletzt könnte die allen Menschen gemeinsame Herausforderung und Anstrengung auch einige Gräben zuschütten, zwischen Kirche und Gesellschaft, So- und So- und Nicht-Glaubenden, sogar innerhalb der Kirche. Aber das ist nicht das Ziel. Gottes Schöpfung für alles Leben nachhaltig bewahren, darum geht es. Die Kirche ist dabei ein Werkzeug von vielen.

20

Susanne Breyer
Anpacken und Mitmachen

Große Motivation entsteht, wenn die sich engagierende Person die Aktion selbst wählt zu Themen, die ihr wichtig sind, und sie dabei auf Gleichgesinnte trifft. Passende Rahmenbedingungen halten die Motivation aufrecht. Zwei Beispiele:

Die Jugendverbände im Bund der Deutschen Katholischen Jugend (BDKJ) haben bereits zwei Mal die „72-Stunden-Aktion" (s. *www.72stunden.de*) durchgeführt. Dabei werden in ganz Deutschland, bei der letzten Aktion auch mit 45 internationalen Initiativen, Projekte umgesetzt, die „die Welt ein bisschen besser machen". Das Motto verbindet alle einzelnen Aktionen ökologischer, sozialer, interreligiöser, gesellschaftlicher und/oder politischer Ausrichtung. Dabei bestimmen die Gruppen vor Ort – 2019 waren es 3.400 mit rund 160.000 Mitwirkenden – ihr Projekt selbst. Sie kennen die Bedingungen und Probleme im eigenen Sozialraum; dort, in ihrer Alltagsumgebung, werden sie oft mit anderen für andere in einem zeitlich und kräftemäßig leistbaren Einsatz aktiv. Die wenigsten Gruppen unterfordern sich, die meisten nehmen sich viel vor und geben natürlich alles dafür, das selbstgesetzte Ziel zu erreichen. Und da alle, die das möchten, mitmachen können, suchen sich die Kinder- und Jugendgruppen vor Ort Partner und laden Interessent*innen ein, um ihr Projekt zu verwirklichen. So entstehen, ganz nebenbei, Brücken über die Grenzen des Kirchlichen hinaus zwischen „Menschen guten Willens".

An vielen Orten der 72-Stunden-Aktion gehören ein gemeinsames Innehalten oder ein Gottesdienst zum Programm des Wochenendes, so stellt sich die Aktion unter den Segen Gottes. Da es bei jedem Projekt um eine Realisierung von Nächstenliebe geht – der allen gemeinsame Nenner –, passt es gut, das Tun in einen christlichen Kontext zu stellen. Wenn man an diesem langen Wochenende der 72-Stunden-Aktion Gruppen besucht, die ein Projekt umsetzen, dann platzt die Luft fast vor Motivation und Aktionismus im allerpositivsten Sinne. Hände greifen ineinander, als hätten sie nie etwas anderes getan, Herausforderungen werden genommen, als wären sie alle leicht zu überwinden, Projekte werden fertig gestellt, die eigentlich einer zweijährigen Vorbereitungszeit bedürfen. Die Stimmung ist sonnig, die Verpflegung gut und es schwingt eine Gelingenskraft mit, die so konzentriert sonst selten zu spüren ist.

Das zweite Beispiel: Die Bewahrung der Schöpfung – gesellschaftlich neutral gesagt: das Thema Umwelt und Klimawandel – geht natürlich alle Menschen an, sehr viele sind daran interessiert und bereit, sich zu engagieren. Nicht nur für Katholik*innen und Christ*innen hat Papst Franziskus 2015 in seiner Enzyklika *Laudato sí* den radikalen Zusammenhang von ökologischem Klimaschutz mit der globalen Frage nach

Nachhaltig handeln

sozialer Gerechtigkeit und damit mit der weltweiten Solidarität der Menschen verdeutlicht. Die Kirchen ruft Papst Franziskus dazu auf, in diesen drängenden Fragen auf „den Schrei der Erde" zu hören, ihn aktiv zu beantworten und darin mit leuchtendem Beispiel voranzugehen. Wenn also ein Bistum einen pastoralen Zukunftsweg beschreitet wie in Köln, stellt sich ihm nahezu zwingend das Thema Bewahrung der Schöpfung. Im Team, das für das Kölner Erzbistum dieses Feld bearbeitet hat, wurde schnell deutlich: Es braucht eine radikale, zukunftsweisende und umsetzbare Vision. So wurde das Ziel ausgegeben, dass das Erzbistum Köln bis zum Jahr 2030 klimapositiv und nachhaltig schöpfungsfreundlich werden soll. Dazu wurden in sechs Bereichen Zielmarken formuliert, sodass Akteur*innen im Erzbistum auf allen Ebenen aktiv werden können. Das Papier des Teams wurde länger diskutiert, auch im Erzbischöflichen Rat, und von Kardinal Woelki dann in Kraft gesetzt. Es ist verbindliche Richtschnur kirchlichen Handelns.

Die sechs Bereiche und ihre Ziele sind:

„1. Energie sparen & erzeugen.
Im Bereich des Energieverbrauchs der kirchlichen Gebäude liegen erhebliche CO_2-Einspar-Potenziale. Energetische Sanierungen, innovative Technologien und der Einsatz erneuerbarer Energien sind hier zentrale Handlungsfelder.

2. Emissionsarm mobil sein.
Klimafreundliche Wege sind vielfältig möglich. Weniger Individualverkehr und Flugreisen, mehr Fahrrad und öffentliche Verkehrsmittel, neue Antriebskonzepte sowie digitale Kommunikations-Technologien sind wichtige Ansätze für moderne und klimaschonende Mobilität.

3. Nachhaltig einkaufen.

Schöpfungsverantwortung bei Anschaffungen bedeutet oft: Weniger ist mehr. Eine klimaverantwortliche und faire Beschaffung erzeugt weniger Abfall und baut auf regionale Produkte. Dabei wird selbstverständlich auch auf umwelt- und sozialverträgliche Produktion oder Energieeffizienz geachtet.

4. Sparsam & umweltbewusst handeln.

Bewusstsein schaffen, Strukturen aufbauen, Handeln verändern: Mit einem systematischen Klima-Management im Erzbischöflichen Generalvikariat, Schulen und Kirchengemeinden folgt nachhaltiges Handeln einer klaren Richtschnur für die Zukunft.

5. Natur schützen & fördern.

Die Vielfalt und die Ausgewogenheit des Lebens sind ein wesentliches Element der Schöpfung. Sie zu erhalten ist ein wichtiger Anspruch, der Klimawandel bedroht diese Biodiversität aber erheblich. Genetische Vielfalt, Artenvielfalt und Ökosystem-Vielfalt zu erhalten und zu entwickeln ist eine wichtige Maxime christlichen Handelns gegenüber den Mitgeschöpfen.

6. Schöpfung gestalten & erhalten.

Bildung liefert die Anstöße, die die Bewahrung der Schöpfung im Alltag wie auch in besonderen Initiativen ermöglichen: mit einer Vielzahl von Veranstaltungen und Projekten – von Fachtagungen zu Klimathemen über Ausstellungen bis zu Schöpfungs-Aktionen werden die Menschen inspiriert, klimabewusst zu handeln."

(s. *www.erzbistum-koeln.de/erzbistum/moveo*; dort als PDF für den Download)

So dringend und notwendig wegen der zunehmenden Gefährdung die Bewahrung der Schöpfung ist, für sie aktiv zu werden bietet auch eine tolle Chance: Sie geht alle an, ob Christ*innen oder nicht, ob Gläubige oder nicht, und verbindet sie so miteinander in gemeinsamer Verantwortung und Solidarität. Sie veranlasst sowohl im Kleinen wie im Großen, zuhause, lokal wie global zu Veränderung und Bewegung. Überall können Menschen gemeinsam aktiv werden. Kirchen und Staaten gehören wie andere Institutionen und Organisationen zu denen, die die passenden Rahmenbedingungen für alle Aktivitäten zu stellen und langfristig zu garantieren haben, damit die Motivation auf allen Ebenen nicht nachlässt. Das Erzbistum Köln hat sich dazu verpflichtet.

Das ist jetzt der Schluss. Und der Anfang gemeinsamer Arbeit am Aufbau der Kirche. Oder deren Fortsetzung. Niemand muss bei null beginnen. Niemand kann einfach so weitermachen wie bisher. Was auch immer uns trennt im Denken über die Kirche und in der Kirche, wir sind uns einig, dass sie – um Gottes und der Menschen willen – der Mühe wert ist. Viel Spaß an der Freud!

21

Markus Roentgen

Seelsorgender Mensch

der die Leiden
kennt

demütig zart
wund
und
stark

wenn möglich

mit Osteraugen
im Gesicht

aus dem lösenden
WORT
spricht

mit den Händen

liebend

leibhaftiges

Licht

Die Autorinnen und Autoren:

Susanne Breyer, geb. 1985, von 2012 bis 2017 BDKJ-Diözesanvorsitzende im Erzbistum Köln, jetzt Einrichtungsleiterin einer Beratungs- und Behandlungsstelle für Suchtkranke des SKM Köln

Johanna Domek OSB, geb. 1954, Benediktinerin in Köln-Raderberg, spirituelle Begleiterin und Exerzitienleiterin, Buchautorin

Werner Höbsch, geb. 1951, ehem. Referatsleiter Interreligiöser Dialog des Erzbistums Köln, jetzt Vorsitzender des Karl Rahner Akademie Köln e.V., Buchautor

Kristell Köhler, geb. 1980, Referatsleiterin Katechese und lebensbegleitende Pastoral des Erzbistums Köln

Christoph L., geb. 1992, Unternehmensberater, wirkte am Pastoralen Zukunftsweg des Erzbistums Köln mit

Franz Meurer, geb. 1951, Pfarrer in Köln-Höhenberg/Vingst, Alternativer Ehrenbürger von Köln, Buchautor

Klaus Nelißen, geb. 1979, Journalist und Pastoralreferent des Bistums Münster, Rundfunkbeauftragter der NRW-Diözesen beim WDR

Peter Otten, geb. 1969, Pastoralreferent in der Pfarrei St. Agnes in Köln, Blogger und Buchautor

Markus Roentgen, geb. 1965, Referent für Spiritualität im Erzbistum Köln, Geistlicher Begleiter, Buchautor

Karikaturen: **Max Zimmermann,** geb. 1959, Kunst- und Religionslehrer an einem Kölner Gymnasium. Eine alte Leidenschaft von ihm ist das Zeichnen von Cartoons für Projekte von Franz Meurer

Redaktion: **Martin Merz**